구독경제

소유의 종말

구독경제

소유의 종말

전호겸 지음

베가북스
VegaBooks

차례

PART 2

왜!
구독경제인가?

PART 3

부의 끝없는 확장, 구독경제 시장

그들은 왜 이토록 구독에 열광하는가?

구독이 불러온 유통 전쟁

어설픈 자는 살아남을 수 없는 OTT 구독 시장

구독으로 180도 생활의 변화

이 나이에는 직장 오래 다니는 게 최고다

····

어른이 되면 꿈이 없던 사람도 꿈이 생긴다. 회사에 입사하는 순간부터 '퇴사'라는 꿈이 생긴다. 장사 또는 사업을 시작하는 순간 성공과 은퇴를 꿈꾼다. 퇴사와 은퇴라는 꿈에는 안정적인 수입이나 노후자금을 충당할 수 있는 경제적 능력이 전제조건으로 따라다니는 경우가 많다.

보통은 '로또'가 그 대안이다. 그래서 금요일 저녁이 되면 로또 1등 명당 가게 앞에 길게 줄을 서나 보다. 주변 사람들에게 직장을 그만둔다고 밝히면 가장 처음 듣는 이야기가 무엇일까?

"그럼 나가서 뭐 해서 먹고살 건데?"

"나가서 할 수 있는 게 뭐냐?"

"철이 없다."

"조금만 더 참아라."

"요즘 얼마나 힘든데, 고마운 줄 알고 다녀라."

긍정적인 말은 하나도 안 나온다. 굳이 그런 이야기를 듣지 않아도 주택담보대출, 카드값 명세서, 아이 학원비를 생각하면 퇴사란 꿈이 아니라 악몽일 뿐이다. 오히려 중년이 되면 행여나 잘릴 걱정에 잠을 이룰 수가 없다. 이쯤되면 퇴사는 꿈이 아니라 두려움으로 다가온다. 결국은 다음과 같이 생각을 마무리한다.

'내가 할 수 있는 게 뭐가 있지?'

'이 나이에는 직장 오래 다니는 게 최고지.'

'오래 다녀야겠다.'

직장을 그만두고 창업한다고 하면 왜 다들 말릴까? 잘되기보다는 폐업 확률이 월등히 높기 때문이다. 자영업자의 절반가량은 창업 이후에 3년을 버티지 못한다고 한다. 매일 '경기 침체와 무한경쟁으로 인해 자영업자는 빚에 허덕이거나 폐업하고 있다'라는 기사가 넘쳐난다.

코로나19와 같은 감염병의 위험이 아니더라도 몇 년 전부터 경제 위기는 일상이 됐다. 이런 상황에서 자영업자와 소상공업자뿐만 아니라 대기업도 어렵기는 마찬가지다. 대형마트의 대표격인 이마트, 롯데, 홈플러스 3사는 2019년 처음으로 적자를 봤다. 2020년에도 위기는 계속됐다. 셋 중 외부 인사를 대표로 영입해 창고형 마트로 방향성을 바꿔 회생에 성공한 이마트를 제외하고 나머지 회사의 점포들은 잇달아 대규모 구조조정을 진행하고 있다. 물론 코로나의 여파도 있겠지만, 그전부터 경제 위기는 일상이었다.

왜 다들 망할까?

····

궁금했다. 왜 다들 힘들까? 다른 관점에서 현상을 바라볼 필요가 있지 않을까?

혹시 노점상, 음식점, 호프, 치킨집, 옷집, 화장품 가게 심지어 대형마트와 온라인 쇼핑몰까지 똑같은 방식의 비즈니스모델(BM: Business Model)로 경쟁하기 때문에 망할 확률이 높은 것이 아닐까? 대부분 영업장이 물건을 가져와서 파는 것에만 집중한다. 일반적인 매장이나 인터넷 쇼핑몰을 차려놓고 누군가 방문하여 물건을 구매함으로써 재고(물건)를 소진(판매)하며 매출을 올리는 것이 일반적이다. 개인사업자, 중소기업, 중견기업, 대기업 모두 다 이런 방식의 비즈니스모델로 경쟁하니 모두 잘되기가 쉽지 않은 세상이 되고 말았다.

'혹시 다른 혁신적인 비즈니스모델은 없을까?'에서 내 공부는 시작했다. 그 끝에 찾은 혁신 비즈니스모델 중 하나가 바로 구독경제(Subscription Economy)다. 구독경제라는 단어의 뜻을 포털사이트에 검색하면 다음과 같이 정의 내리고 있다.

'일정액을 내면 사용자가 원하는 상품이나 서비스를 공급자가 주기적으로 제공하는 신개념 유통 서비스를 일컫는다. 일정 금액을 지불하고 주기적으로 생필품이나 의류 등을 받아 사용하거나 여러 종류의 차량을 이용할 수 있는 서비스 등이 대표적이다.'

구독경제란 일정 금액을 먼저 지불하고 정기적으로 제품이나 서비스를 구독해서 사용하는 경제모델을 통칭한다. 누군가는 반문할 수 있다.

"이게 무슨 경제 트렌드지? 우리가 수십 년 전부터 하던 신문, 잡지, 우유 구독 등하고 무엇이 다르지?"

기존의 우유, 신문으로 대표되는 구독이 왜 이제야 구독경제라는 새로운 이름으로 회자되고 있는지 의아해하는 사람도 있을 수 있다. 의문은 잠시 접어두고 이 책을 끝까지 읽길 바란다. 왜 구독경제가 새로운 트렌드가 된 것인지 이 책 전반에 걸쳐 차근차근 풀어보겠다.

우리는 왜 구독경제를 알아야 하는가?

····

구독경제가 새로운 메가트렌드가 됐다. 뉴스만 봐도 연일 구독경제에 관한 이야기가 나온다. 대기업은 앞다투어 구독서비스를 도입하겠다고 한다. 대기업뿐만 아니라 경제부처 장관들도 구독경제 정책을 발표하고 있다. 다양하고 획기적인 구독서비스들이 쉴 새 없이 시장에 나오고 있다. 바야흐로 구독경제의 시대다.

구독서비스를 효율적으로 사용하기 위해서는 구독경제에 대해서 잘 알아야 한다. 단순히 구독서비스를 이용하는 것만으로는 부족하다. 구독서비스가 가진 위험이 곳곳에 산재해 있기 때문이다. 제대로 알고 사용하지 않으면 자신도 모르는 사이에 주머니에서 돈이 줄줄 샐 수도 있다. 구독경제는 소비자에게 새로운 혁신적인 서비스를 제공하지만 반대로 소비자를 기만하고 힘들게 할 수도 있다.

국가와 기업의 경우는 소비자보다 구독경제를 더 잘 알아야 한다. 현재 세계 경제를 선도하는 애플, 구글, 아마존 같은 기업들은 모두 구독경제를 도입하고 있다. 국내외를 가리지 않고 많은 기업이 구독경제 회사로 진화하고 있다. 구독경제는 다른 경제 트렌드보다 선점효과가 크다. 선금을 내는 비즈니스모델인 만큼 소비자와 제공자 사이의 신뢰가 매우 중요하다. 후발주자는 이미 끈끈히 맺어진 신뢰를 비집고 들어가기가 어렵다. 상위 1% 기업들이 앞다투어 구독경제를 도입하는 배경에는 이런 선점효과가 있다.

우리나라는 변변한 자원도 없고 강대국에 둘러싸여 있다. 우리나라는 '혁신'하지 않으면 국가 존립이 어렵다. 지금 구독경제로 세상이 '혁신'하고 있다. 뒤처지면 안 된다. 우리는 시대가 변하는 흐름을 읽지 못하고 대응하지 못해 'IMF'라는 역사적 아픔을 맞이한 바 있다. 다시는 그런 국가적 아픔을 겪어서는 안 된다.

그렇다면 구독경제는 무엇일까? 그리고 어떻게 도입하고 어떻게 사용해야 할까? 단순히 용어의 뜻을 알고 넘어가면 안 된다. 왜 이런 용어가 생겼고 그로 인해 다가올 거대한 변화에 관심을 가져야 한다. 이 책 전반에 걸쳐 구독경제의 중요한 요소와 방법, 다양한 사례 그리고 명암(明暗)에 대해서 얘기하고자 한다. 기업의 필수 생존 조건이자 소비자의 새로운 기회로 다가온 구독경제에 대해서 함께 알아보자. 구독경제 시대의 도래는 우리가 경험치 못한 새로운 세상을 보여줄 것이다.

SUBSCRIPTION ECONOMY

PART 1

구독경제 시대가 온다

대기업의 40%는 사라진다

"큰 회사들이 단기적으로는 대비가 잘되어 있는 것 같죠? 하지만 이 위기가 1년을 넘긴다고 해봅시다. 지금 (시장에 상장된) 큰 회사들의 40%는 없어질 겁니다. 대신 스타트업들 중에서는 지금의 상황을 딛고 급격하게 크는 기업들이 나올 겁니다."

– 존 챔버스(John T. Chambers), 전 시스코(Cisco) 회장, 현 J2C벤처 대표

1983년 실리콘밸리에서 설립된 시스코는 세계 통신장비 1위 대기업으로 2000년에는 마이크로소프트(MS)를 제치고 전 세계 시가총액 1위 회사가 됐다. 그러나 2001년 닷컴버블 붕괴 때는 주가가 80% 폭락해 회사가 무너지기 일보 직전의 대위기에 봉착했다. 당시 CEO 존 챔버스는 아시아 시장을 개척하며 그 위기를 잘 극복하고 2015년까지 시스코의 CEO를 역임했다. 그렇게 최고의 CEO 중

의 하나로 칭송받던 그가 지금의 위기가 1년만 계속돼도 대기업들 40%는 사라진다고 말한 것은 가히 충격적이다.

존 챔버스의 예상대로 기업이 무너지기 시작했다. 코로나19가 본격적으로 발생한 지 몇 달 만에 미국에서는 118년 역사를 지닌 최대 백화점 브랜드인 JC페니(J.C Penny), 202년의 전통을 자랑하며 미 대통령과 유명인들이 애용하는 브랜드로 알려진 브룩스브라더스(Brooks Brothers)가 파산보호 신청을 했다. 100년 이상을 업계 최정상에 있던 기업들이 무너지고 있다.

이런 상황에서 다른 행보를 보이는 기업들이 있다. 바로 구독경제 기업들이다. 미국은 코로나19로 인해 2020년 상반기 단 5주 만에 2천6백만 명 이상의 사람들이 일자리를 잃었다. 하지만 구독경제 비즈니스모델 중심 기업들은 오히려 직원을 더 뽑고 있으며, 심지어 현금을 창출하여 M&A까지 진행하고 있다. 상당수 구독서비스 기업들은 수익의 감소를 고민하는 것이 아니라 자금을 어떻게 쓸지 고민하고 있다.

미국의 기업용 결제 및 정산 솔루션 기업인 주오라(Zuora)는 2020년 3월 구독서비스 회사들의 한 달 가입자 취득률을 이전 12개월과 비교한 결과 거의 90% 회사가 가입자 기반을 유지하거나 성장했다고 밝혔다.

구독서비스 기업들 대부분은 경제 위기에도 성장을 하고 있다는 것이다.

구독경제 기업들은 어떻게 위기 속에서 강한 힘을 낼 수 있을까? 코로나19와 같은 예상치 못한 위기를 헤쳐나갈 수 있는 기업들에는 회복탄력성(回復彈力性)이 있다. '회복탄력성'은 '스트레스나 역경에 적극적으로 대처하고 시련을 견뎌낼 수 있는 능력 또는 어려움 속에서 기능 수행능력을 회복하는 성질'을 말한다. 예상하지 못한 상황이나 여러 가지 문제가 생겨도 사람은 일시적인 어려움이나 고통을 잘 이겨내고 다시 일상적인 삶에 적응하고 살아간다. 이런 적응 능력을 회복탄력성이라고 부른다.

평상시에는 중요성이 부각되지 않지만, 본격적인 불황기가 시작되면 회복탄력성이 없는 기업은 위기에 빠질 확률이 높다. 최근 대공황 이후 최악의 경제 위기 속에서 회복탄력성이 떨어지는 기업들이 분야를 가리지 않고 타격을 받고 있다. 하이테크(High-Tech) 기업도 예외가 아니다.

회복탄력성과 구독경제는 긴밀한 연관성이 있다. 구독서비스의 회복탄력성은 구독자에게서 나온다. 다른 비즈니스모델과 달리 구독경제를 구축한 기업들은 매출이 감소하는 시간에 유예가 있다. 불황 속에서 기업이 대비할 시간적 여유가 있다는 말이다.

이미 해외에서는 많은 기업이 위기의 대안으로 구독경제를 선택하고 있다. 미국 대기업의 40%가 사라질 수도 있다고 경고한 존 챔버스가 CEO로 있었던 시스코 역시 구독서비스를 적극적으로 도입했다. 지금은 시스코 소프트웨어 매출의 약 71%가 구독서비스 비즈니스모델로 벌어들이고 있다. 이처럼 시스코는 구독경제 비즈니스모델을 공격적으로 확대 중이다.

애플의 전 CEO 스티브 잡스도 구독서비스에 관심이 많았다. 만약 스티브 잡스가 살아 있었다면, 동영상 스트리밍(streaming)구독서비스에 관심이 많았던 애플이 디즈니를 이미 인수합병 했을지도 모른다. 실제로 디즈니 CEO였던 밥 아이거는 자서전에서 하나의 플랫폼을 통해 영화와 TV 프로그램, 스포츠 중계, 뉴스 등을 배급하고 싶다는 아이디어를 스티브 잡스와 공유했다고 말했다. 만약 잡스가 여전히 살아 있었더라면 애플과 디즈니는 회사를 합쳤거나 적어도 그 가능성을 진지하게 논의했을 것이라고 고백했다. 만약에 애플과 디즈니가 합병했다면 온라인 스트리밍 시장에서 넷플릭스를 뛰어넘는 초대형 회사가 됐을 가능성이 크다.

결과론적으로 두 회사는 동영상 콘텐트 시장의 경쟁자로 마주

치게 됐다. 애플은 영화, TV 등의 온라인 스트리밍 영상콘텐트 구독서비스인 애플TV플러스(Apple TV+), 디즈니는 콘텐트 구독서비스인 디즈니플러스(Disney+)를 각각 론칭하여 OTT(Over The Top)[1]와 구독서비스 시장에서 경쟁자가 됐다.

구독경제가 무엇이기에 세계적인 CEO 밥 아이거가 애플과의 인수합병 가능성까지 말했을까?

패러다임의 전환, 소유와 이용

····

구독은 영어로 서브스크립션(Subscription)이라고 한다. 이 단어를 사전에서는 '구독 및 구독료'뿐만 아니라 '정기적으로 내는 기부금, 가입, 모금, (서비스) 사용'으로도 정의한다. '구독(購讀)'을 국어사전에서는 '책이나 신문, 잡지 따위를 구입하여 읽음.'이라고 밝히고 있다. 몇 년 전까지만 해도 무엇인가 '구독'한다고 말할 때, 주로 이 뜻을 떠올렸다.

우리가 자주 사용하는 단어 중에 이용(利用)이라는 단어가 있다.

1 OTT(Over The Top) : 인터넷을 통해 볼 수 있는 TV 서비스를 일컫는다

'이롭게 사용한다'라는 뜻의 이 단어가 구독경제를 관통하는 축 중 하나를 잘 표현하고 있다고 생각한다. 구독경제는 이용과 맞물려 있다. Subscription(구독)의 사전적 뜻에 '사용'이라는 단어가 담겨 있는 것을 보면 '구독'과 '이용'의 밀접한 관계는 더욱 명확해진다. **구독(購讀)=이용(利用)이다. 소유에서 이용으로의 패러다임(paradigm) 전환을 의미한다.**

몇 년 동안 구독경제를 연구하면서 느낀 것은 구독경제는 인생과 같다는 것이다. 인생은 어떻게 보면 시간이라는 정기구독료를 내고 삶이란 서비스를 영위하는 것이다. 우리가 살아가면서 공기, 물 등 자연환경이나 자동차, 휴대전화 등 각종 물건들을 소유하고 있는 듯하지만 실제로는 이용하는 것이다. **둘의 차이라면 인생은 시간으로 구독료를 내고, 구독경제는 돈으로 구독료를 낸다는 점뿐이다. 결국 인생도 구독경제도 얼마나 소유했는지가 아니라 얼마나 잘 사용했는지가 중요하다.**

내가 어렸을 때는 집으로 배달되는 우유는 종이팩이 아니라 투명한 병에 담겨 있었다. 가게에서 판매하는 종이팩에 담긴 우유보다 배달되는 투명한 병에 담긴 우유가 훨씬 맛있고 고소해서 매일 아침 기다렸던 기억이 있다. 초등학생 때는 재밌는 만화가 실린 어린이신문을 구독했다. 좀 커서는 일간지를 구독했다. 한 달에 한 번 신문 배달원이 구독료를 받기 위해 집을 방문했다. 바로 그 '구독'이 지금 비즈니스 트렌드로 주목받고 있는 구독경제다.

우리는 현대인의 필수품 휴대전화의 통신요금을 구독서비스를 통해 사용하고 있다. 휴대전화 기기조차도 매달 통신요금에 같이 부과되고 있다. **우리는 우리도 모르는 사이에 이미 구독서비스를 즐겨 사용하고 있던 구독경제의 소비자였다.**

지도가 최초의 구독서비스?

....

구독경제 비즈니스모델을 처음 도입한 기업은 어딜까? 그리고 구독서비스를 시작한 계기는 무엇일까? 첫 구독경제회사를 특정하기는 어렵다. 중세 유럽에서 지도를 지속해서 업데이트해주는 사업이 구독서비스의 시초라는 이야기도 있다. 하지만 우리가 익히 알고 있는 '구독서비스' 개념은 1900년대에 미국에서 시작됐다.

1900년대 GM이 주식을 소유하고 있던 'General Vehicle Company'는 전기 트럭을 출시했다. 그런데 이 트럭에 배터리가 내장돼 있지 않았다. 따라서 운전자들은 충전된 배터리를 배터리 회사에서 빌려 사용해야만 했다. 배터리가 방전되면 배터리 회사에서 직원이

나와 충전된 배터리와 교환해줬다. 이 회사는 무려 120여 년 전에 600만 마일의 충전을 보증해주는 배터리 충전 구독서비스를 선보였다. 사실상 미국의 첫 전기차 배터리 구독서비스 모델이라고 보인다. 전기 트럭도 배터리도 시대를 너무 앞서갔다. 운영상의 문제로 미국의 배터리 구독서비스 사업은 오래 지속되지 못하였다.

우리나라에서는 일반적으로 구독경제 모델을 무제한 이용형, 정기배송형, 렌털형 3가지로 분류하고 있다.

일반적인 구독경제 분류

	무제한 이용형 모델	정기배송형 모델	렌털형 모델
정의	일정 금액을 내고 제품 및 서비스를 무제한 사용	금액을 지불하고 제품을 정기배송을 받는 모델	일정 금액을 지불하고 일정 기간 제품을 빌려서 사용하는 모델
대표적인 모델	스트리밍 영화, 음악, 게임	생활용품, 신선식품, 신문	정수기, 공기청정기, 전자제품
대표적인 기업	넷플릭스, 구글, 애플	마켓컬리, 와이즐리	SK매직, 웅진코웨이

일정 금액을 내고 무한대로 영화를 볼 수 있는 플랫폼이나 음악

을 맘껏 들을 수 있는 음원사이트 등이 대표적인 무제한 이용형 구독경제 모델이다. 우리가 일상에서 사용하는 스마트폰도 구독경제의 대표적인 모델이다. 요즘에는 특정 요금제를 선택하여 통화와 데이터를 무제한으로 쓰는 사람도 많으니, 스마트폰 통신요금도 무제한 이용형 모델이라고 할 수 있다. 스트리밍 영화, 음악, 게임 등을 제공하는 넷플릭스, 구글, 애플이 무제한 이용형 구독경제 모델의 대표적 회사다. 무제한 이용형 모델 중에서도 2020년 코로나19로 인한 언택트 경제의 확대를 계기로 넷플릭스 같은 동영상 무제한 이용형 모델이 전 세계적으로 급성장했다.

정기배송형 모델은 금액을 지불하고 제품을 정기적으로 배송받는 모델로 주로 생활용품, 신선식품, 신문 등이 여기에 속한다. 우리는 이 모델을 통해 정기적으로 생필품이나 우유, 신문, 잡지 등을 집에서 편하게 받을 수 있다. 혹시 어렸을 적 현관문 앞에 초록색 주머니가 달려있던 것을 기억하는가? 초록색 주머니에는 정기적으로 요거트나 유제품이 들어있었다. 요거트 배달원이 넣어두고 간 것이다. 덕분에 우리는 가게에 가지 않아도 시원한 요거트를 마실 수 있었다. 대표적인 정기배송형 구독 비즈니스모델의 사례다.

정기배송형 모델은 지금 분야를 계속해서 확장하고 있다. 최근에는 그림이나 꽃을 정기적으로 배송해주는 서비스도 등장하고 있다. 유통이 발달하면서 배송에 드는 비용과 시간이 감소한 것이 확장의 가장 큰 이유다. 모빌리티가 발전하면서 유통도 계속 발전하고 있다. 자연스럽게 정기배송형 구독서비스도 가지수가 계속 늘어날 것이다.

최근 몇 년 사이 미세먼지가 심하다 보니 공기청정기를 사용하는 가정이 많다. 그런데 공기청정기는 주기적으로 필터를 교체해야 한다. 하지만 사용자가 직접 주기적으로 교체하기는 쉽지 않다. 그래서 매월 일정액을 내고 빌려서 쓰는 가정들이 많다. 이렇게 일정 금액을 지불하고 일정한 기간 제품을 빌려서 사용하는 모델을 렌털형 모델이라고 한다. 주로 정수기, 공기청정기, 전자제품에 렌털형 구독서비스가 이용된다.

최근 국내 렌털형 모델 시장이 급성장하고 있다. 2013년 21조 원을 돌파한 이래 감소 없이 계속 성장했고, 2020년 국내 렌털시장 규모가 40조 원에 달할 것으로 추정된다. 국내 렌털 시장에서 가정용품이 차지하는 비중은 10조 원대다. 산업기계나 정비 등이 차지하는 비중은 12조 원대다. 가장 높은 비중을 차지하고 있는 부문이 차량 렌털 시장으로 시장 규모가 17조 원에 달한다.

미국의 세계적인 컨설팅 기업인 맥킨지(McKinsey)는 위 방식과는 다른 방식으로 구독경제 서비스를 분류하고 있다. 맥킨지 구독경제 분류는 다음과 같다.

맥킨지 구독경제 분류

	Curation	Access	Replenishment,
정의	상품군에 대한 큐레이션 서비스 (의사결정 고민 감소)	특정 상품 및 서비스에 무제한적인 접근 (비용 절감, 만족감 증대)	일상적인 소비재의 지속적인 재고 보충 (시간, 비용 절감)
대표적인 모델	다양한 상품의 큐레이팅 서비스 :의류, 주류, 식품, 화장품 등	일정 금액을 내고 서비스 권한 획득 : 헬스장, 스트리밍, 영화, 음악, 게임 등	상품/서비스의 지속적인 보충 :신선식품, 가정용품, 비타민, 면도기 등
대표적인 기업	언니네텃밭, 미미박스	플래닛피트니스, 넷플릭스	와이즐리, 아마존

출처 : 맥킨지(McKinsey), 'Thinking inside the subscription box'(2018) 참조

맥킨지 분류 법에 의하면 소비자들이 물건을 소비하는 데 필요한 시간과 노력을 줄여주고, 무엇을 구매해야 할지에 대한 고민을 제거함으로써 소비자들이 편하고 저렴하게 소비할 수 있도록 도와주는 것이 '구독경제'다. 나는 Curation, Access, Replenishment의 앞 글자를 따서 CAR라고 부른다. Car, 즉 자동차의 발명은 새로운 세

상을 열었다. 나는 구독경제가 자동차의 발명처럼 우리에게 새로운 혁신으로 다가올 것으로 예상한다.

구독은 생활용품과 콘텐트의 영역을 넘어 이제는 주택, 자동차, 항공까지 지속적으로 영역을 확장하고 있다. 심지어 인공위성을 구독할 수 있는 서비스까지 나오고 있다. 2020년 9월 마이크로소프트가 구독료만 내면 인공위성을 이용할 수 있는 클라우드 서비스 애저 오비털(Azure Orbital)을 발표했다. 이 구독서비스를 통해 석유 시추 회사들은 바다 한가운데 있는 시추정 장비를 위성으로 원격 통제할 수도 있고, 날씨에 민감한 회사들은 예측을 더 정확하게 할 수 있다.

미국에서는 이미 구독형 결제 방식이 주목받고 있다. KOTRA 해외시장뉴스의 '미리 보는 2021년 미국 소비시장 트렌드'에서는 미국 소비시장을 주도하는 젊은 세대 소비자들을 필두로 구독 구매·결제 방식이나 구독자들이 시간을 두고 지불하는 'Pay-over-time' 결제 방식이 주목받고 있으며 이는 2021년 더욱 활성화될 것으로 전망했다. 구독 결제 방식은 몇 년 전부터 이미 관심을 얻기 시작했으나 올해 팬데믹으로 인한 전자상거래의 활성화로 더욱더 주목받았다. 그리고 현재는 온라인상 수많은 제품 페이지에서 구독 결제

옵션을 찾아볼 수 있다.

우리가 상상하는 모든 제품과 서비스 그리고 결제방식조차도 구독이 가능한 시대가 왔다. 구독서비스에는 한계가 없으며, 상상력의 끝에 구독경제가 있다.

새로운 경제 트렌드, 구독

몇 년 전부터 노량진의 '컵밥'이 유명 유튜브와 언론에 자주 나오면서 저렴한 맛집 코스로 떠오르고 있다. 나에게 노량진이란 고등학교 시절 대입학원에 다녔던 기억이 서린 공간이다. 집이 여의도라서 가끔 노량진으로 참고서를 사거나 수산시장에 가서 회를 먹기도 했다.

이처럼 예전의 노량진은 대입학원이나 수산시장이 먼저 떠오르는 공간이었다. 하지만 지금은 노량진하면 공무원 시험을 준비하는 공시생들이 가장 먼저 떠오른다. 공시생들이 많다 보니 자연스럽게 저렴한 먹거리가 발전했다. 컵밥이 노량진에서 유명한 이유도 비슷한 맥락이다. 이렇게 **노량진처럼 같은 이름, 같은 지역이라고 해도 시대의 변화에 따라 새로운 의미로 변한다.** 구독경제도 마찬가지

다. 간단한 신문 배달로 대표되던 구독경제가 시간이 흐르고 세상이 변하면서 경제를 대표하는 트렌드로 다시 태어난 것이다.

그렇다면 구독경제가 다시 태어나 경제 트렌드가 된 배경은 무엇일까? 구독경제가 최근의 경제 트렌드가 된 가장 큰 이유는 세 가지가 있다. 바로 모바일(Mobile) 시장의 발전, 경제 저성장에 따른 효용성을 중시하는 소비(Consumption)문화의 변화 그리고 밀레니얼 세대(Millennial Generation)의 등장이다.

M : 가장 성공한 국내 구독서비스

••••

모바일 시장의 발전은 기존과는 다른 편리함을 사람들에게 제공했다. 우선 거리의 개념이 달리지기 시작했다. 예전에는 물건을 구매하러 매장에 직접 가야 했지만 이제는 집에서도 손쉽게 물건을 구매할 수 있다. 자연스레 기업은 기존과는 다른 비즈니스모델들을 만들기 시작했다. 그렇게 온라인에서 물건을 사고 파는 전자상거래가 탄생했다.

전자상거래가 처음 등장한 시기에는 신뢰도에 대한 문제가 많았다. 하지만 이를 보완하는 국가 정책이 나오고 시민들의 인식이 개선되면서 개인정보를 온라인에 담기 시작했다. 기업이 소비자를 특정할 정보가 생긴 셈이다. 구독경제에서 가장 중요한 개인을 특정할 수 있는 정보가 모바일 시장이 발전하면서 충족됐다.

모바일과 구독경제의 연관성은 이뿐만이 아니다. 모바일 시장 자체가 구독경제로 이뤄져 있다. 우리는 고가의 스마트폰을 2년 약정이라는 구독서비스를 통해 사용하고 있다. 통신서비스 요금제도 마찬가지다. 대다수 국민이 스마트폰을 가지고 있는 지금 사실상 가장 성공한 구독경제 모델은 통신서비스 구독 모델이다.

C : 만성화된 저성장

····

이제는 경제 저성장이라는 말이 너무 익숙하다. 불과 10년 전인 2010년에 약 7%의 경제성장률을 보이던 우리나라는 최근 2%대 성장을 하고 있다. 이는 우리나라만의 문제가 아닌 세계적인 추세다.

세계은행(World Bank)은 2019년 세계성장률을 2.4%로 예측했다. 이 수치는 2009년 이후 최저 수준이다. 2009년이 글로벌 금융위기 직후인 것을 생각하면 지금의 세계 경제가 얼마나 어려운지 짐작할 수 있다. 2020년의 상황은 더 심각하다. 기존에 세계은행은 2020년의 세계성장률을 2.5%로 전망했다. 하지만 이마저도 코로나19가 유행하면서 달성하지 못했다. 2020년에는 프랑스, 이탈리아를 비롯한 선진국들조차 마이너스 성장률을 기록했다.

M : 성장보다 위기가 익숙한 세대

····

새로운 소비 주체로 떠오르고 있는 밀레니얼 세대(Millennial Generation)는 1980년대 초반부터 2000년대 초반에 출생한 세대를 통칭하는 단어다. 어린 시절부터 인터넷을 접했고 청소년 시절부터 휴대전화를 사용하며 물질의 풍요를 누린 듯하지만 사실 세계성장률이 점차 감소하며 경제 저성장을 겪으며 성장한 세대다. 심지어 우리나라 밀레니얼 세대는 외환위기(IMF)와 글로벌 금융위기를 겪은 세대로, '성장'보다는 '위기'라는 말을 더 많이 들으면서 자라왔다.

밀레니얼 세대의 특징은 한가지가 더 있다. 밀레니얼 세대는 기존 세대보다 1인 가구의 수가 압도적으로 많다. 심지어 1인 가구의 숫자는 계속해서 증가하고 있다. 통계청이 2019년에 발표한 조사에 따르면 우리나라 1인 가구의 비중이 2017년 28.5%에서 2037년 35.7%까지 늘어나리라 전망하고 있다.

우리나라만의 일이 아니다. '1인 가구 증가에 대한 세계의 대응' 보고서에 따르면, 세계에서 1인 가구 비율이 가장 높은 스웨덴은 무려 56.6%의 가구가 1인 가구이고 리투아니아·덴마크·핀란드·독일 등의 국가들도 40%를 넘겼다고 한다. 스웨덴 스톡홀름(60%), 독일 괴팅겐(67.7%), 미국 뉴욕주의 이타카(61.8%) 등 일부 도시의 1인 가구 비율은 절반을 훌쩍 넘는다. 이런 추세라면 머지않아 1인 가구 비율이 50%가 넘는 도시들이 전 세계에 속출하리라 전망했다.

이런 성장 배경 때문에 밀레니얼 세대는 가격 대비 제품 성능이 얼마나 큰 효용을 주는지에 관심이 많다. 소위 말하는 '가성비'에 관심이 많은 것이다. 많은 금액을 지불하고 제품을 구매하여 소유하기보다는 적은 금액으로 물건을 향유하는 것에 초점을 두는 경향이 있다. 당연히 소유보다 이용에 초점을 두는 구독경제가 주목을 받을 수밖에 없다. 이러한 현상은 저성장 기조가 이어지면서 밀레니얼 세대뿐만 아니라 전 세대로 확산되고 있다.

모바일 시장의 발전을 바탕으로 개인을 특정지을 수 있게 되고, 오랜 기간 지속된 경제 저성장 시대에 밀레니얼 세대가 등장했다. 그리고 1인 가구의 증가로 인해 **모든 세대가 가성비가 좋은 맞춤형 서비스, 즉 구독서비스에 관심을 가지기 시작한 것이다.**

넷플릭스 왕국

····

이런 시대적 흐름을 읽고 비즈니스모델에 접목시킨 기업이 구독경제 시대의 대표 비즈니스모델로 자주 거론되는 넷플릭스(Netflix)다. 넷플릭스는 한 달에 일정액을 지불하면 영화와 TV 프로그램과 같은 각종 동영상 콘텐트를 무제한으로 볼 수 있는 온라인 동영상 스트리밍 서비스 회사다.

구독경제의 대표 모델로 소개되는 넷플릭스는 1990년대에 저렴한 단일 월별 요금으로 DVD 대여를 무제한 제공하는 구독서비스로 사업을 시작했다. 보고 싶은 영화명을 대여 희망목록에 등록해두면 지정해놓은 장소로 DVD가 배송되는 시스템이었다. 월정액으로 한 번에 3개까지 빌릴 수 있었으며 DVD는 대여 기한 및 연체료 없이 무제한으로 이용할 수 있지만, 다음 DVD를 대여하려면 이전에 빌린 DVD를 반납해야 했다.

넷플릭스는 1990년대에도 구독서비스를 유지하면서 방식을 점차 변화시켰다. **인터넷과 모바일 시대에 DVD는 자체제작 동영상이 됐다. 우편과 배달은 온라인으로 이뤄지기 시작했다. 그리고 희망목록은 AI를 기반으로 소비자의 취향을 파악하여 추천해주는 것으로 진화했다.** 그 결과 지금의 세계적인 미디어 왕국 넷플릭스가 된 것이다. 넷플릭스는 오랜 시간 쌓아온 구독경제 노하우를 바탕으로 이제는 누구도 무시 못 할 자신들의 영역을 구축하고 있다.

넷플릭스는 코로나19로 인한 세계의 위기 속에서도 계속 성장하고 있다. 2020년 전 세계 구독자가 2억 명을 돌파했다고 한다. 넷플릭스에 따르면 2020년 매출은 전년도 대비 약 24% 증가했다고 한다.

구독서비스에서 가장 중요한 3가지 요소

····

그렇다면 이러한 새로운 트렌드인 구독서비스를 시작할 때 가장 중요한 것은 무엇일까? 구독서비스 비즈니스모델에서 가장 중요한 세 가지는 '구, 경, 편'이다. 여기서 '구'는 구독적합성, '경'은 경제성, '편'은 편리성이다.

구독적합성 : 구독자는 선금을 내면서까지 필요가 없는 제품과 서비스를 굳이 정기적으로 구독할 필요가 없다. 지금처럼 불특정 다수를 대상으로 하는 제품과 서비스가 아닌 고객 각자에게 맞춤형 제품과 경험(서비스)을 제공할 수 있어야 한다.

소수 또는 개인에게 맞춤형 제품과 서비스를 제공해야 한다는 것이다. 고객의 취향을 고려하고 숨겨진 불편(Pain Point)을 알아내 해결해줘야 한다. 이런 제품과 서비스를 제공하기 위해서는 우리의 제품과 서비스를 제공하는 구독자 각각에 대해서 알아야 한다. 그렇기에 개인을 특정할 수 있는 ID가 매우 중요하다.

경제성 : 구독서비스에서 경제성은 기본 중의 기본이다. 요즘 온라인 및 모바일 쇼핑의 발전으로 고객은 자신이 사고 싶은 제품을 검색만 하면 가장 저렴한 곳에서 손쉽게 구매할 수 있다. 구독서비스는 이런 온라인 쇼핑과 경제성 측면에서 차별점이 있어야 한다. 정기적으로 비용을 지불하는 구독경제의 경우 구독자가 일반적인 상품이나 서비스를 받는 것보다 훨씬 저렴하다고 느껴야 구독을 고려할 수 있다.

경제성은 단순히 재화만을 이야기하는 게 아니다. 예를 들어 명품 시장이나 경험과 추억 위주의 비즈니스모델(콘서트, 여행 등)은 경제성보다는 가심비(價心比)[2]를 중시하는 경향이 있다. 이런 경우도 큰 틀에서 효용성을 기반으로 한 경제성이라고 봐도 무방하다. 이처럼 경제성은 기존의 비즈니스모델과 비교했을 때 구독서비스만

---

2 가심비(價心比) : 가격 대비 성능을 뜻하는 가성비(價性比)에 마음 심(心)을 더한 것으로 가성비는 물론이고 심리적인 만족감까지 중시하는 소비 형태를 지칭.

이 가지는 가치의 양적 차별을 모두 일컫는다.

편리성 : 구독서비스를 사용하면 편리해야 한다. 내가 무엇을 사기 위해서 고민하거나 번거롭게 가게에 방문할 필요가 없어야 한다. 인터넷을 뒤져가며 이 사이트 저 사이트를 들락날락하게 해서도 안 된다. 만약 기존 서비스보다 편리함을 제공하지 않는다면 소비자의 입장에서는 서비스를 구독할 이유가 없다. 편리함이 없는 제품이나 서비스를 선금을 내면서 사용할 이유가 없기 때문이다. 편리성을 제공하기 위해서는 고객이 언제 무엇이 필요한지 알아야 한다.

앞서 설명한 세 요인을 조합하면 구독서비스는 구독자가 원하는 때 원하는 제품 혹은 서비스를 합리적인 가격으로 편리하게 제공해야 한다. 구독서비스를 제공하기 위해서는 구독자가 누구인지, 구독자가 원하는 게 무엇인지 알아야 함은 물론이고 구독자가 편리하다고 느껴야 한다. 소비자가 필요할 때 제품을 제공해야 하므로 유통채널의 문제에 대해서도 고민해봐야 한다. 마찬가지로 경제성을 제공하려면 구독서비스 제공자는 제품이나 서비스를 저렴하게 대량 구매할 수 있는 바기닝파워(bargaining power)[3]도 있어야 한다.

---

3 바기닝파워(bargaining power) : 협상을 유리하게 할 수 있는 힘

구독서비스에 대해서 구독자가 원하는 바는 국내외 각종 조사 결과로도 확인할 수 있다. 시장조사 전문기업 엠브레인 트렌드모니터는 SNS를 사용하는 전국 만 15~64세 성인 남녀 1,000명을 대상으로 구독경제와 구독서비스에 관한 인식 조사를 시행한 결과, 응답자의 77.1%가 편하고 빠르게 이용할 수 있어서 구독서비스를 좋아한다고 답했으며, 생활 습관을 생각하면 소유보다 구독하는 것이 가성비가 좋다고 58.2%가 답했다고 한다.

다른 기업의 통계자료도 비슷하다. 모바일 홈쇼핑 포털 애플리케이션 홈쇼핑모아를 운영하는 회사 버즈니가 이용자 744명을 대상으로 한 구독경제 관련 설문조사 결과, 구독경제를 이용하는 이유로는 '편리하다'라는 답변이 34.4%로 가장 많았으며, '혜택이 많다(19.8%)', '많은 경험을 해보고 싶다(19.1%)', '저렴하다(19.0%)', '소유가 의미 없다(7.7%)' 등의 의견이 있었다.

소유의 다양한 변신

몇 년 전부터 물건을 개인적으로 구매하는 것보다는 합리적인 가격으로 공유하면서 사용할 수 있는 공유경제가 세계적으로 급성장하고 있다. 차량, 숙소, 사무실, 주방 등 공유의 영역도 지속적으로 확장되고 있다.

공유경제 유니콘

....

최근 몇 년간 공유경제 유니콘 기업들이 많이 등장했다. 자주 사용되는 용어인 유니콘(Unicorn) 기업이란 기업가치가 10억 달러 이상인 비상장 스타트업을 통칭하는 단어다. 여기서 유니콘은 우리가 어린 시절 동화책이나 만화에서 많이 보았던 뿔이 하나 달린 말인 유니콘을 지칭한다. 스타트업이 성장하기도 전에 기업가치가 1조 원 이상이 되는 것은 마치 상상 속에서나 존재할 정도로 쉽지 않은 일이라서 상상 속의 동물 유니콘에 빗대어 부르는 것이다. 우리나라에도 쿠팡, 배달의 민족 등 유니콘 기업들이 몇 개 있다.

요즘에는 기업가치가 100억 달러 이상인 비상장 스타트업을 지칭하는 데카콘이란 단어도 생겼다. 데카콘(Decacorn)이란 머리에 10개의 뿔을 가진 상상 속의 동물을 가리킨다. 공유경제 기업 중에서 미국의 에어비앤비가 처음으로 데카콘 기업으로 성장하면서 공유경제의 전성기를 알렸다.

소유의 변신은 무죄?

····

법학자인 로런스 레식(Lawrence Lessig) 교수가 2008년에 언급한 공유경제(Sharing Economy)와 지금의 공유경제는 많이 다르다. 레식 교수가 말한 공유경제는 한번 생산된 제품을 여럿이 공유하며 쓰는 것을 기본으로 한 것이었다. 하지만 지금의 공유경제는 플랫폼 경제(Platform Economy)로 변화하고 있는 듯하다.

가고 싶은 곳을 가기 위해서는 기차 플랫폼에서 표를 사야 하는 것처럼 관문 역할 또는 중개 역할을 하면서 경제적 이익을 얻는 것을 플랫폼 경제라고 말한다. 차량 연결 공유 플랫폼인 우버(Uber), 공유 숙소 연결 플랫폼인 에어비앤비(Airbnb)처럼 많은 ID를 가지고 있는 업체들이 중개 수수료를 받는 플랫폼 경제 스타일로 변했다.

개인적으로 공유경제라는 단어 자체에 대한 정의부터 다시 해야 하는 시점이 왔다고 생각된다. 더 엄밀히 말하면 공유경제라는 단어의 뜻을 재정의해야 하는 시기 자체를 놓쳤는지도 모른다. 공유경제보다는 구독경제나 플랫폼 경제에 가까운 서비스나 비즈니스모델이 공유경제로 포장되는 경우가 종종 있다.

그렇다면 공유경제와 구독경제의 차이점은 무엇일까? 공유경제와 구독경제의 기본 개념에서 가장 큰 다른 점은 공유경제는 기본적으로 생산된 제품을 여럿이 공유하는 것이고, 구독경제는 효율을 기반으로 한 개인별 맞춤형 서비스를 이용하는 것이다. 구독경제의 대표적인 기업인 넷플릭스와 음원사이트들이 다운로드가 아닌 스트리밍 형식으로 서비스를 제공하는 것이 그 예다. 그런 이유로 구독경제를 '소유하지 않는 것'이라고 말하는 분들도 있는데, 이런 주장에는 동의하기 어렵다.

우선 구독서비스가 온라인(on-line)상에만 존재하는 게 아니기 때문이다. 우리 주변에서 볼 수 있는 가장 오래된 구독서비스는 신문, 우유, 요구르트 등이다. 구독경제가 소유하는 게 아니라 공유하는 것이라면 우리 집에서 구독하는 우유, 신문 등을 공유 차원에서 남들이 가져가도 된다는 말일까? **구독경제는 지금처럼 소비자가 마트에 가서 만들어진 물건을 수동적으로 사던 구매(購買) 행위와 다른 것이지 소유(所有) 자체를 포기하는 것은 아니다.**

그렇다면 앞서 언급한 인공위성도 소유하는 것이냐는 의구심이 생길 수도 있다. 구독경제는 지금까지의 구매행위와는 다른 효용성을 기반으로 개인화된 이용과 경험이 핵심으로 비행기와 자동차 구독의 경우에는 경제적인 가격으로 서비스를 이용하는 범주에 속한다.

지금은 구독경제, 공유경제, 플랫폼 경제가 모두 혼합되어 있고 일정 부분 교집합이 있는 것도 사실이다. 예를 들어 공유경제, 구독경제, 플랫폼 경제 모두 인터넷 세상의 발전으로 인해서 가능해졌고 시장의 성장 가능성이 높은 서비스다. 기존의 방식과는 반대로 이제는 온라인에서 오프라인 시장으로 그 영역이 진화하고 있다는 점 역시 똑같다. 그중에서도 가장 크고 중요한 교집합은 바로 회원 '개인 ID'이다. 새로 정의되고 있는 경제 트렌드의 기반은 소비자를 특정하는 것을 기본으로 하고 있다. 그중에서도 ID는 구독경제에서 더욱 특별하다. 구독경제만의 개인에 최적화된 상품을 제공하기 위해서는 인공지능(AI)과 빅데이터(Big Data) 분석을 통해서 고객을 파악하는 것이 무엇보다 중요하기 때문이다.

렌털은 구독경제인가?

렌털서비스의 경우 제품을 여럿이 같이 쓰면서도 일정 기간 약정을 통하여 사용하기 때문에 공유경제 같으면서도 구독경제 같기도 하다. 그렇다고 렌털서비스가 공유경제나 구독경제와 완전히 다른 별개의 경제 개념이라고 보기도 어렵다. 나도 몇 년 전까지는 렌털은 구독경제와 다르다고 보았다. 하지만 근래에는 렌털을 구독경제의 한 분류로 보고 있다.

지금부터 렌털서비스를 해부해보고 지금은 왜 구독경제의 일부로 여기는지 알아보도록 하자. 우선 과거에 렌털서비스와 구독서비스를 분류했던 첫 번째 이유는 계약해지에 있다. 구독서비스는 해지가 자유롭다는 점이 특징이다. 하지만 렌털은 해지를 하려면 계약 기간에 따른 위약금을 지불해야 하는 경우가 많다. 두 번째 차이점은 렌털의 비즈니스모델은 관리를 통하여 부가적인 수익을 창출하는 일이 많다는 점이다. 예를 들어 정수기, 공기청정기 같은 렌털 상품은 정기적인 관리를 비롯하여 추가적인 필터 교환과 같은 부가상품 판매를 통한 수익이 발생하기도 한다. 대다수 구독서비스는 이런 부가적인 상품 판매 수익이 사실상 존재하지 않았었다.

하지만 구독경제가 발전함에 따라 두 가지 차이 중 하나의 경계가 사라지고 있다. 최근에는 '옵션'이라는 이름으로 구독서비스도 다양한 부가적인 수익을 올리고 있다. 게다가 구독경제의 개념인 '정기적인 금액 지급', '맞춤형 상품 및 서비스 이용'이라는 큰 틀에서 보았을 때 렌털도 구독경제의 한 부류로 보는 것이 타당해 보인다.

구독경제가 새로운 트렌드가 되면서 렌털서비스도 호황을 맞이할 것이라는 의견이 많다. 하지만 렌털이 지금과 같은 모습이라면 나는 오히려 불황을 맞을 수도 있다고 생각한다. 렌털서비스 회사는 지금과 같이 해지가 어렵고 추가적인 비용이 소요되는 방식의 기존 모델은 구독경제의 발전으로 인하여 소비자의 외면을 받을 수 있음을 인지해야 할 것이다.

INSIGHT

ID 경제가 다가온다

미국 독립 선언문(Declaration of Independence)의 앞부분은 아래와 같다.

We hold these truths to be self-evident, that all men are created equal, that they are endowed by their Creator with certain unalienable Rights, that among these are Life, Liberty and the pursuit of Happiness. That to secure these rights, Governments are instituted among Men, deriving their just powers from the consent of the governed, That whenever any Form of Government becomes destructive of these ends, it is the Right of the People to alter or to abolish it, and to institute new Government, laying its foundation on such principles and organizing its powers in such form, as to them shall seem most likely to effect their Safety and Happiness.

"모든 인간은 평등하게 태어났고, 창조주는 양도할 수 없는 일정한 권리를 인간에게 부여했는데 그것은 생명권과 자유권 그리고 행복 추구권이다. 생명권, 자유권, 행복 추구권의 권리를 보장받기 위해서 정부가 생긴 것이며, 권력은 국민으로부터 나오며 어떠한 형태든 이러한 목적을 훼손해서는 안 된다."

행복의 정의는 사람마다 각자 다르고 느끼는 바도 모두 다르다. 어떤 사람은 자신이 좋아하는 음식을 먹으면서 행복할 수도 있고, 어떤 사람은 남들이 보기에는 '뭐 하러 저런 격한 운동을 하나' 싶은 격렬한 운동을 하면서 행복을 느낄 수도 있다.

표준화된 행복이란 존재할 수 없다. 사실상 사람마다 행복의 순간이 전부 다르다. 같은 공간에서 같은 현상을 보고 있다고 해도 우리는 모두 다 똑같은 감정을 느끼는 것은 절대 아니다. 사람의 지문이 다 다르듯이 우리 모두 행복한 순간이 다르다. 지금까지는 사람들의 행복조차도 표준화하여 접근해왔다. 사회적 성공이 그 표준화의 대표적인 것이었다. 모든 사람이 사회적 성공을 원할까? 그렇다면 행복을 느낄 수 있는 정해진 권력의 크기나 부(富)의 크기가 있을까? ID 경제에서 ID의 의미도 행복과 같다. 같은 사이트에 같은 ID가 있을 수 없다. 한 ID에 다른 비밀번호가 존재할 수 없다.

구독경제는 지금까지 물건을 대량으로 팔고 나면 실질적으로 고객에 대해 신경 쓰지 않는 경제시스템을 바꾸어 놓았다. 구독서비스를 지속시키려면 구독자에 대해서 알아야 한다. 이제는 구독자 개인이 원하는 것이 무엇인지 정확히 알아야 하고 고객조차 모르는 취향까지도 파악해야 한다. 구독경제의 선두격인 유튜브, 넷플릭스 등은 사이트에 들어가면 구독자가 좋아할 만한 영상을 추천해준다. 지금까지 구독자가 본 영상들의 알고리즘을 분석해서 유사한 콘텐트들을 제시하는 것이다. 그러려면 기본적으로 구독자가 누구인지 특정 지어야 한다. 즉 개인의 정보를 특정할 수 있는 ID가 필요한 것이다.

◆ ID 경제가 다가온다

2018년 처음으로 ID 경제의 개념을 정립했다. ID 경제의 ID는 'Identity' 또는 'Identification'으로 개인을 특정할 수 있다는 의미다. 물론 ID는 한 가지 의미만을 뜻하지 않는다. In-Depth(깊이)라는 매우 세밀하면서도 깊게 파악해간다는 의미도 있다. 인간의 본능적인 부분을 뜻하는 심리학의 이드(ID)를 뜻하기도 한다.

초개인화(Hyper-Personalization)된 상세한 데이터(In-depth data)를 활용하여 경제, 정치, 행정 그리고 기업경영과 관련된 각 개인에게 맞춤형 서비스와 제품을 제공하는 것이 ID 경제의 핵심이다.

ID 경제의 사례는 앞에서 언급한 넷플릭스 등 글로벌 기업과 ICT 기업뿐만 아니라 일반 제품에도 적용된다. 일본기업 에어클로젯(airCloset)의 구독서비스는 고객 한 명 한 명의 수요에 따라 제안을 해주는 것이 특징이다. 회원이 등록한 ID를 기본으로 체형 데이터나 좋아하는 색상, 디자인에 맞추어 300개 이상의 브랜드 중에서 프로 스타일리스트가 선택한 옷 3벌을 한 번에 배송해준다.

에어클로젯에서는 빌린 의류를 반납할 때, 상품 각각의 디자인, 착용감, 사이즈 등에 관한 의견을 회원(ID) 전용 사이트에 입력할 수 있다. 이 내용을 기반으로 회원이 좋아하는 스타일을 분석해서 다음의 코디네이션 제안에 활용한다. 기업은 고객의 생생한 의견을 상품 기획, 개선에 활용할 수 있다. 일반 매장에서 고객과 대면 판매할 때는 고객으로부터 이러한 진짜 속내를 듣기가 어렵다. ID가 있기에 솔직한 의견을 데이터화하여 개인에게 최적화된 상품을 제안할 수 있다. 오로지 ID 경제에서만 가능한 일인 것이다.

가치관이 다양해지고 트렌드가 세분되면서 남녀노소 불문하고 옷을 구매하기 위해 점포를 방문하는 횟수가 줄고 있다. 유행하는 옷을 대량 생산해서 가게에 진열해두고 구매를 유도하는 방법은 이제 통하지 않는다. 지금까지의 의류업계는 유명 기업이 패션 트렌드를 만들어서 상품을 대량 생산하여 판매하는 방식이었다. 즉 상품 개발에 있어 생산자의 시점이 우선시 됐다. 이제는 ID를 통하여 집약된 구독자의 의견이 자료화되어 고객의 다양한 니즈를 반영한 상품 기획 및 생산으로 이어지게 될 것이다. 이제 모든 제품과 서비스가 ID를 기반으로 지금과는 다른 방식으로 생산될 수밖에 없다.

행복 추구권과 ID 경제는 가는 길이 같다고 볼 수 있다. 행복과 ID 경제 모두 개인에게 포커스(Focus)한다. **많이 팔리는 제품이 아닌 한 사람을 위한 제품과 서비스 제공이 가능한 시대가 오고 있다.**

◆ 나만을 위한 제품

2020년 5월 나이키는 서울 신사동에 '조던 서울 플래그십 스토어'를 오픈했다. 이곳에서 나이키의 여러 제품을 본인의 취향에 맞게 커스텀할 수 있도록 티셔츠 인쇄 기계 등의 다양한 수선도구들을 준비해놓았다. 참가자들이 오롯한 자신만의 에어조던을 만들 수 있는 공간이다. 나이키는 사실 몇 년 전부터 'Nike ID'라는 고객에게 맞춤형 신발을 주문·제작할 수 있는 커스텀 서비스를 제공하고 있었다. 우리나라에서 서비스를 제공하고 있지 않았을 뿐이었다. 물론 지금 우리나라에서 제공하는 서비스는 고객이 직접 매장에서 방문하여 자신만의 상품을 디자인하는 것으로 해외의 Nike ID를 통한 맞춤형 제품 제작과는 조금 다르다. 지난해에 나이키는 다품종 소량 생산 전략의 일환으로 Nike ID를 'Nike By You'로 재편했다.

왜 사람들은 비싼 아이폰을 살까? 수많은 커피전문점이 있는데 굳이 왜 스타벅스를 갈까? 그것은 특정 브랜드만이 주는 서비스와 경험이 있기 때문이다. 그리고 그런 기업은 모두 개인 계정, 즉 ID를 가지고 있다. 아이폰의 경우 스마트폰을 바꾸더라도 애플에 등록한 개인 계정으로 로그인만 하면 자신의 추억과 기록을 불러올 수 있다. 지속해서 ID를 통한 소통을 고객과 함께 하는 것이다. 애플의 어떤 제품을 사용하든 '나'만의 추억과 경험은 애플과 함께 계속해서 쌓인다.

스타벅스도 마찬가지다. 스타벅스는 손님 개인 취향에 맞게 메뉴판에 없는 자신만의 레시피로 주문할 수 있는 '커스텀 주문'이라는 시스템을 운영하고 있다. 이 역시 맞춤형 ID 서비스다.

기업은 ID를 통해 고객이 원하는 서비스가 무엇인지 파악하고 고객 맞춤형 서비스를 제공한다. 예전에는 기업이 맞춤형 제품을 생산하려면 시간과 비용이 많이 들고 재고 관리에도 어려움이 있었다. 하지만 요즘에는 PC, 스마트폰에서 클릭 몇 번으로 맞춤형 제품을 디지털트윈[4] 등의 기술을 통하여 가상으로 만들어 볼 수 있다. 빅데이터를 기반으로 수요를 예측하여 재고를 효율적으로 관리할 수도 있다. 최근에는 공급자보다는 소비자에 맞춘 온-디맨드(On-demand)[5] 비즈니스모델이 주목받고 있다.

---

4 디지털 트윈(Digital twin) : 현실의 기계나 장비, 사물 등을 컴퓨터 속 가상세계에서 구현한 것을 말한다.

5 온-디멘드(On-demand) : 공급 중심이 아니라 수요가 모든 것을 결정하는 시스템이나 전략 등을 총칭하는 말.

SUBSCRIPTION ECONOMY

PART 2

왜!
구독경제인가?

디지털 혁명과 인포데믹(Infodemic)

DT는 'Digital Transformation'의 약자로 최근 기업에서 자주 쓰는 단어다. DT는 최근 대기업의 신년사나 주요 경영 기조를 밝힐 때 자주 언급된다. 어떤 사람들은 DT를 문서를 디지털화하는 것으로만 생각한다. 기존에 가지고 있던 자료나 문서를 디지털화해서 서버에 보관하거나 검색하는 것이 전부라고 생각한다. 잘못된 생각이다.

DT의 영역은 넓다. DT는 디지털 기술을 활용해서 기업경영의 전 분야를 디지털로 전환하는 개념이다. 현재는 ICT 기업뿐만 아니라 모든 업종이 DT의 중요성을 언급하고 있다.

스타벅스 가격 동결의 비밀

····

DT는 인터넷을 이용해 고객 맞춤형 서비스와 다양한 비즈니스모델을 만들 수 있게 해주었다. 이제는 많은 커피전문점에서 제공하는 모바일 원격 주문 시스템도 일종의 DT다. 커피전문점의 원격 주문 서비스는 2014년 스타벅스(STARBUCKS)가 사이렌오더(Siren Order)를 선보이면서 시작됐다.

사이렌 오더는 모바일 앱으로 커피 주문과 결제를 할 수 있는 시스템이다. 스타벅스 앱으로 주문·결제하면 실시간으로 메뉴 준비 상황을 알 수 있다. 손님이 몰려 대기 시간이 길어지는 불편을 해결하고 비대면으로 고객의 편의를 높이기 위해 개발됐다. 스타벅스는 DT를 기반으로 사이렌 오더뿐만 아니라 다양한 서비스를 개발했다. 차량 번호와 연동해서 차에서 내리지 않고 음료를 픽업할 수 있는 서비스도 제공하고 있다.

2020년 초 국내 사이렌 오더 회원 수는 약 560만 명, 누적 주문 건수는 1억 건 이상이라고 한다. 스타벅스 커피 코리아가 최근 몇 년간 커피 가격을 동결할 수 있었던 요인 중 하나가 바로 DT를 이용한 서비스 고도화에 따른 매장 효율화다. 이는 스타벅스코리아가 2019년 약 2조 원의 매출을 달성해 역대 최대 실적을 거둔 것만 봐도 알 수 있다.

전에는 단순히 물건만 판매하던 기업도 이제는 DT를 이용해서 스타벅스처럼 새로운 서비스를 제공해야 살아남을 수 있다. 새로운 서비스는 전처럼 불특정 다수를 대상으로 하는 것이 아니라 개인을 위한 맞춤형 서비스여야 한다.

동영상 및 음악 파일을 전자기기에 다운로드하지 않고 인터넷에 연결된 상태에서 실시간으로 재생하는 것을 스트리밍이라고 부른다. 스트리밍도 일종의 DT다. 과거에는 음악을 듣고 싶으면 CD나 비디오테이프를 구매했다. 하지만 클라우드가 발전하면서 점점 스트리밍으로 디지털 변환이 됐다.

스트리밍을 구독경제의 관점에서 보자. 스트리밍이 등장하기 전에는 동영상이나 음악 파일을 다운로드했다. 다운로드를 할 때마다 돈을 지불하는 방식이었다. 즉 콘텐트를 구매한 것이다. 반면 스트리밍 서비스가 출시되고 사람들은 다운로드 없이 영화나 음악을 감상할 수 있다. 스트리밍 서비스가 보급되면서 기업은 CD나 테이프를 만들 필요가 없어졌다. 당연히 콘텐트 기업들의 제작 단가가 줄어들고, 소비자는 이전보다 싼 가격에 콘텐트를 즐길 수 있게 되었다.

특히 DT의 발전은 클라우드 시장의 급격한 성장을 견인했다.

아마존의 AWS, 마이크로소프트의 AZURE 같은 클라우드 구독서비스 회사가 나타나며 첨단 고도화로 한 걸음 더 내딛었다. 클라우드 기술의 발전으로 유통과 배송의 고정비가 줄어들게 되고, 줄어든 비용을 이용해 기업은 다양한 기술에 투자한다. 기업이 투자한 기술은 다양한 제품의 형태로 소비자에게 다시 찾아온다. 물론 클라우드 서비스를 기반으로 이전보다 싼 가격에 말이다. 아름다운 선순환이다.

인포데믹(Infodemic)

····

레스토랑에서 식사할 때 와인을 선택하라고 하면 정말 난감하다. 와인의 종류가 너무 많아 무엇을 선택해야 할지 모르는 경우가 많다. 나는 결국 선택을 포기하고 유일하게 기억하고 있는 '무스카토 다스티'를 고른다. 맥주나 소주를 마시면 2~3가지 브랜드 중에서 선택하면 되지만 와인은 선택할 종류가 많아서 솔직히 마시기 전부터 부담스럽다.

이제 고전이 된 미국 캘리포니아공과대학의 '선택'에 관련한 연구가 있다. 이 연구의 내용은 다음과 같다. 식료품점에 테이블을 두고 고객들에게 '잼' 샘플을 제공하는 실험을 한다. 이 실험에서 두 가지 방법으로 잼을 제공했다. 첫째는 잼 샘플 24개를 제공하고 두 번째는 6개만 제공한다.

첫 번째 실험인 잼을 24개 제공할 때는 쇼핑객이 잼 샘플을 맛보는 횟수는 많았지만, 잼을 구매하는 쇼핑객의 숫자는 많지 않았다. 그러나 6개의 잼 샘플을 제공할 때는 잼의 맛을 보는 횟수는 현저하게 떨어졌지만 잼을 구매하는 횟수는 24개의 잼을 놓았을 때보다 10배나 많았다.

이 연구의 담당 교수는 사람은 선택의 여지가 많으면 선택할 때 스트레스를 받고, 선택지가 적을 때는 자신의 삶을 통제하고 있는 것 같은 해방감을 느낀다고 발표했다. 사람은 너무 많은 선택지가 있으면 스트레스를 받는다는 것이다.

요즘 너무 많은 정보와 전망이 넘쳐나고 있다. 오죽하면 정보를 뜻하는 'Information'과 유행병을 뜻하는 'epidemic'의 합성어로 인포데믹(Infodemic)이라는 신조어가 생길 정도다. 우리는 종종 무엇을 선택해야 하는지도 잘 모르겠고, 선택해야 한다는 생각조차 귀찮아 한다.

쇼핑의 선택을 즐기는 사람도 있지만 마트에 가서 어떤 물건을 사야 할지 고민스러운 경우도 많다. 그래서 한 가지 제품만을 계속해서 사용하는 소비자들이 제법 많다.

몇 년 전 대기업 카드회사의 CF가 화제가 된 적이 있었다. 손님이 계산하려고 하자 직원은 계속 할인카드, 마일리지카드 등이 있는지 계속 물어본다. 그러자 손님은 무심한 표정으로 "아무것도 하고 싶지 않다", "더 격렬하게 아무것도 안 하고 싶다"라는 말을 하면서 신용카드를 직원에게 내민다. 이 CF는 굳이 신경 쓰지 않아도 알아서 할인해준다는 장점을 설명하고 있다.

요즘 스마트폰뿐만 아니라 자동차, 가전제품까지 다양한 기능을 장착하고 있다. 각각의 제품에 소형 컴퓨터를 탑재하다 보니 기본 기능 이외에도 수많은 기능이 있다. 너무 많은 기능이 있다 보니 물건을 사용하기 위해서는 따로 공부해야 할 것 같은 느낌이 든다. 그래서 한 번씩 물건을 사놓고 귀찮아서 방치하기도 한다.

온라인에서 제품을 구매할 때도 선택지가 너무 많다. 어떤 것이 나에게 맞는 제품인지도 모르겠고, 이것저것 비교하기도 번거롭다. 그래서 우리는 물건을 구매하는 과정에서 종종 머리에 과부하가 걸리거나 귀찮아 한다. 수많은 정보의 홍수 속에서 무엇인가에 대한 구매를 결정하는 것 자체가 스트레스가 되기도 한다.

구독서비스는 이런 선택의 고민을 줄여준다. 만약 누군가 알아서 생필품을 보내주고, 집에 와서 청소를 해준다면 얼마나 편할까? 부모님의 생일처럼 중요한 이벤트를 미리 알려준다면 좋지 않을까? 구독서비스를 이용하면 방금 말한 편리한 서비스들을 모두 이용할 수 있다. 정기 배송형 구독서비스를 통해 필요한 제품을 주기적으로 받아볼 수 있다. 또는 큐레이션 구독서비스에 가입해서 제품을 비교하고 고르는 귀찮음을 남에게 맡길 수도 있다. 최근에는 다양한 정보 중에서 중요한 정보만을 선별해주는 구독서비스도 있다. 이처럼 구독경제는 정보의 홍수 속에서 사람들의 고민들 덜어주는 역할을 하고 있다.

인공지능 스피커와 구독서비스

....

아마존 대시 버튼(Amazon Dash Button)을 언론에서 본 기억이 있을 것이다. 아마존 대시 버튼은 아마존프라임(Amazon Prime) 가입자에게 제공되던 쇼핑 편의 서비스다. 대시 버튼에 그려져 있는 생필품의 사진을 누르면 제품이 자동으로 주문된다. 주로 집안에서 자주 쓰다보면 금방 바닥이 나는 세탁 세제, 휴지 등이 인기였다. 사용하는 생필품이 갑작스레 떨어졌는데 사러 가기가 매우 귀찮다. 이때 아마존 대시 버튼을 누르면 자동으로 주문이 돼 곧장 배달되는 시스템이다. 한동안 이런 자동주문 서비스가 굉장히 인기가 많았다. 이러한 서비스도 일종의 구독서비스라고 할 수 있다.

아마존 대시 버튼 서비스는 상당한 인기가 있었지만 2019년 1분기에 단종됐다. 인공지능 스피커를 이용한 음성인식을 사용하는 구독서비스 이용자가 늘어나고 있기 때문이라고 한다. 실제로 아마존 음성인식 서비스인 알렉사(Alexa)를 이용한 구매율은 급증하고 있다. 2018년 연말 연휴 동안 알렉사를 통해 물건을 구매한 숫자가 3배 이상 증가했다.

지금까지 AI 스피커는 음성인식이 완벽하지 못 했다. 인공지능 스피커를 사용할 때, 내가 말하는 단어를 다른 단어로 인식한 경험이 한 번쯤은 있을 것이다. 그러한 이유로 지금까지는 다양한 제품을 검색하고 사는 것보다는 자주 이용하는 피자, 치킨 등의 가게에 음식을 주문하거나 저장해놓은 제품을 주문하기에 더 적합했다. 하지만 알렉사 음성인식은 이러한 상식의 범주를 뛰어넘고 있다.

아마존은 2017년에 사용자의 감정을 읽는 음성인식 스피커에 대한 특허를 냈다. 당시 특허 신청서에는 AI 스피커가 사용자의 성별, 나이, 출신을 파악하는 것은 물론이고 희로애락(喜怒哀樂)의 기분 상태를 고려한다고 적혀 있다. 예를 들어 사용자가 감기에 걸려

기침을 하면서 배가 고프다고 하면, 알렉사는 감기에 좋은 음식레시피를 제시하면서 기침약도 구매할 것인지 묻는다. 음성 어시스턴트가 목소리만 듣고 사용자의 건강 상태를 파악한 것이다. 이런 기능을 기반으로 아마존의 알렉사가 향후 가정의 주치의 역할도 할 거라는 분석이 많다. 몸에 가벼운 이상이 생겼을 때, 알렉사로부터 영상으로 응급조치에 관한 안내를 받거나 약국에서 구할 수 있는 약을 추천받는 식이다.

이런 감정이나 상황을 분석할 수 있는 기능을 이용한다면 AI 스피커를 통한 구독서비스가 더 원활해질 것이다. 예를 들어 심심해 보이면 재미있는 영화를 추천한다든가 힘이 없어 보이면 당이 높은 음식이나 영양제를 추천해주는 식으로 AI 스피커는 우리에게 맞춤형 구독서비스를 제공할 것이다.

인공지능 스피커의 등장은 맞춤형 제품과 서비스를 추천하여 구독경제를 발전시키는 촉매제 역할을 하고 있다. 손 하나 까딱하지 않고 모든 것을 누리는 시대가 오고 있다.

구독경제 시대가 올 수밖에 없는 이유

25억 명이 도시로 온다. 유엔 경제사회국(DESA)은 '2018 세계 도시화 전망' 보고서를 통해 앞으로 약 30년 사이에 지구촌의 도시인구 비율이 55%에서 68%로 급증할 것으로 전망했다. 25억 명의 사람들이 도시 지역에 새로 정착할 것이라고 예상했다. 보고서에 따르면 앞으로 인구가 도시로 몰리면서 인구 천만 명 이상의 도시인 '메가시티'가 2018년 31곳에서 2030년에는 43곳까지 늘어날 것으로 예측했다.

ONE PLACE, ALL WORK

····

몇 년 전부터 많이 이야기되는 스마트시티(Smart City)는 21세기 새로운 도시 유형이다. 컴퓨터 기술의 발달로 도시 구성원간 네트워크가 완벽하게 갖춰져 있고 교통망이 거미줄처럼 효율적으로 짜인 것이 특징이다. 하지만 도시화가 시작되는 후진국과 어느 정도 궤도에 올랐다는 개발도상국마저 스마트시티를 시작하기에는 경제적, 기술적, 물리적으로 어려운 면이 많다. 현재로서는 몇몇 선진국에서나 가능하다고 예상한다. 거대담론이기 때문에 실제 실현되기까지 상당한 시간이 소요될 수밖에 없다.

스마트시티를 달성하기 위해서는 도시화가 선행돼야 한다. 도시화는 단순히 물리적으로 건물을 짓고 인프라를 구축하는 것에 그치지 않고, 여러 가지 복합적인 문제들을 함께 해결해야 한다. 지금까지의 도시는 물적, 인적 자원과 공적, 사적인 영역이 파편처럼 나뉘어 있음에도 그것을 첨단기술로 해결하려는 노력만 있었을 뿐, 네트워크화하여 일련의 운영체제로 정립하지는 못하고 있다. 이를 위해서 도시를 움직이는 여러 물적, 인적 자원을 공급하고 공과 사적인 영역을 이어줄 네트워크 운영체제가 필요하다. MS윈도우가 컴퓨터를 활용한 모든 업무의 바탕이 되는 운영체제인 것처럼, 도시도 수많은 네트워크를 연결해서 운영하는 체제가 필요한 시기라고 생각한다.

나는 이런 신개념 네트워크를 시티네트워크 운영체제(CNOS -

City Network Operating System)라고 네이밍했다. 시티네트워크 운영체제(CNOS)란 하나의 네트워크 안에서 정보와 자원을 해당 도시에 맞춤형으로 연계하는 공간을 말한다.

이해를 돕기 위해 공유경제 기업인 위워크(Wework)에 대한 이야기를 해보겠다. 스타트업인 위워크를 필두로 미국에서 공유오피스 사업이 유행했다. 2010년 창업한 위워크는 스타트업 창업자, 기업, 프리랜서 등에게 사무 공간을 같이 쓸 수 있도록 해주는 서비스를 제공하고 있다. 단순히 사무실의 공유만이 아니라 사무실에 필요한 다양한 물품과 서비스도 함께 제공한다. 그들은 자신들이 제공하는 하나의 네트워크 안에서 업무와 생활에 필요한 모든 서비스를 제공하는 것을 목표로 삼았다.

위워크와 CNOS의 공통점은 하나의 네트워크를 이용해 도시에 필요한 전반적인 체제를 하나씩 쌓아가는 데 있다. 물론 위워크의 사례는 브랜드 네트워크가 도심 생활과 관련된 다양한 서비스를 제공하는 데 초점이 맞춰졌으나, 시티네트워크 운영체제는 기존 대도시의 이미 도시화한 공간에 맞추어 도시운영체제를 구축하는 데 초점이 있다. 일단 컴퓨터의 운영체제를 설치하면 그다음부터 사용자가 필요하거나 원하는 소프트웨어를 설치하여 사용하는 것처럼 기본 CNOS를 구축한 뒤 그다음부터는 각 도시의 특성에 맞는 네트워크를 구축하고 운영하는 원리다.

CNOS를 통한 도시화는 구독서비스의 발전에 큰 영향을 준다. 각 도시의 특성에 맞는 하나의 운영체제를 통해 쌓인 정보는 그 도시에 사는 사람들을 위한 맞춤형 서비스 제공을 용이하게 한다. 도시 자체가 하나의 빅데이터를 형성하는 셈이다. 계속 언급했다시피 구독경제에서 빅데이터를 통해 개인의 취향을 분석하는 것은 기본이다. 맞춤형 빅데이터의 수집이 간편해진다는 점만 봐도 도시화와 구독경제가 얼마나 밀접한 의미를 지니는지 알 수 있다.

구독서비스와 도시화의 상관관계

····

도시화로 인한 구독경제 활성화는 다른 요인도 존재한다. 구독서비스에서 편리성은 기본요소다. 편리성을 제공하기 위해서는 필요할 때 제품을 제공해야 함으로 인구가 밀집되는 도시화는 구독경제 발전의 중요 요인이다. 밀집된 인구는 소비자와 자주 접촉하는 오프라인 구독서비스에 그 자체만으로 큰 이점을 준다. 매일 물건 하나를 배달하기 위해서 수십 킬로미터를 이동해야 한다면 기업의 경제성이 망가질 것이다. 신선식품을 배송해야 하는데 배송지가 수십 킬로 이상 떨어져 있고 길도 좋지 않다면 새벽부터 배송을 시작한다고 해도 10개 정도만 배달해도 오후가 될 것이다. 당연히 인건비와 배송비도 눈덩이처럼 불어난다. 만약 당신이 CEO라면 이런 경제성이 떨어지는 사업을 벌이겠는가?

온라인 구독서비스에도 오프라인만큼이나 역시 도시화가 중요하다. 구독경제의 기초가 되는 통신인프라는 도시화가 이뤄지지 않으면 원활하지 않다. 2020년 6월 한국소비자연맹이 발표한 자료에 따르면 서울을 제외한 지역에서 인터넷 관련 품질 불만이 높은 것으로 나타났다. 1년간 접수된 5G 서비스 불량 및 통신 불량 민원은 서울이 147건(25%)이었고, 비서울은 443건(75%)이었다. 이처럼 도시화가 이뤄지지 않으면 통신인프라가 미비할 수밖에 없으며, 도시화의 발전 크기에 따라 통신 속도도 다를 수밖에 없다.

이러한 도시화는 홈코노미의 등장과 함께 구독경제가 트렌드로 자리 잡는 데 기여하고 있다. 홈코노미(Home+Economy)는 집(home)과 경제(economy)의 합성어다. 주로 집에서 여가를 보내는 것을 즐기는 소비자나 불황기에 절약하기 위해서 집에서 휴일을 보내는 소비자를 가리킨다. KB국민카드는 2018년 1분기부터 2019년 2분기까지 음식 배달앱, 가전 렌트 등의 홈코노미 구독 관련 업종을 이용한 25~54세 고객의 결제데이터 4,492만 건을 분석했다. 분석 결과 관련 분야의 하루 평균 결제 건수가 1년여 만에 1.9배 증가한 것으로 나타났다.

KB국민카드의 조사 결과에 따르면 가장 많이 이용한 고객은 25~34세의 젊은 층이지만, 45~54세의 중년층의 결제 건수도 많아졌다고 한다. 홈코노미가 대중적으로 퍼지면서 40대 이상의 중년층이 집에 머무는 시간이 상대적으로 많아졌다. 자연스레 중년층의 결제 건수는 전년도 대비 3배 이상으로 늘어났다고 한다.

나이 들어가는 사회

····

2020년 1월 행정안전부가 발표한 주민등록 인구통계에 따르면 2019년 말 기준 주민등록인구는 약 5,184만 명으로 집계됐다. 2018년도보다는 0.05% 소폭 증가하여 인구수에는 큰 변동은 없었다. 2019년 주민등록인구 증가율과 증가 인원 모두 정부가 주민등록 인구통계를 공표하기 시작한 2008년 이후 최저치에 해당한다.

연령계층별로 보면 생산가능인구인 15~64세가 전년도보다 약 19만 명이 감소했으며, 0~14세 유소년인구는 약 16만 명이 줄었다.

이에 비해 65세 이상의 고령 인구는 약 37만 명 증가하며 처음으로 800만 명을 넘었으며, 유소년인구는 646만 명으로 고령 인구보다 156만 명이 더 적다. 이 차이는 2018년에 대비하면 약 50% 가까이 더 벌어진 것이다.

국내 고령·유소년 인구

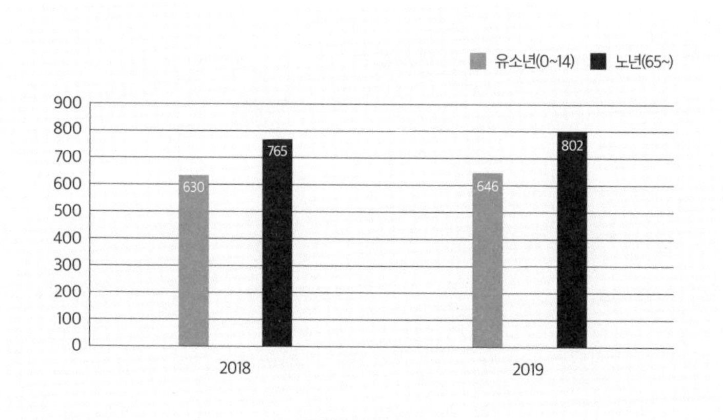

출처 : 행정안전부

연령대별로는 40대 이하는 모두 인구가 감소했지만 50대 이상은 증가하고 있다. 연령대별 분포는 40대와 50대가 전체 인구 3분의 1가량을 차지했으며 60대 이상이 22.8%, 10대 이하가 17.6%, 30대가 13.6%, 20대가 13.1%를 차지했다.

2019 대한민국 인구분포도

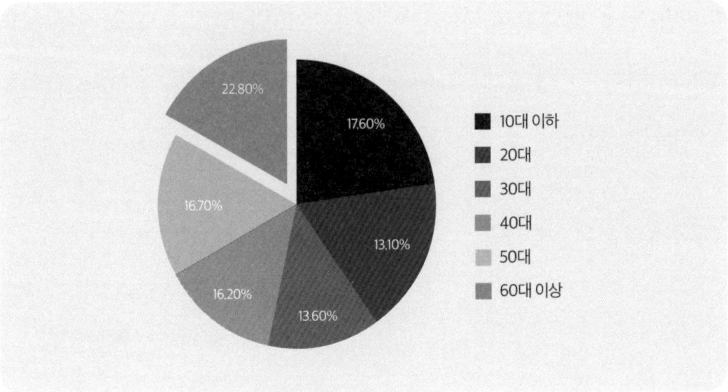

출처 : 행정안전부

평균연령은 42.6세로 2008년 주민등록 인구통계 공표 시작 이래 가장 높았으며, 주민등록인구 평균연령은 2008년 37세에서 꾸준히 높아져 2014년에 40세, 2018년에는 42세를 넘었다.

우리나라의 기대수명은 상당히 높은 수준을 유지하는 동시에 가파르게 늘어나고 있다. 1990~1995년 72.85세였던 기대수명은 2015~2020년 82.44세로 늘어났으며 같은 기간 세계 평균 기대수명은 64.59세에서 71.95세로 늘어났다.

저출산·고령사회위원회가 2019년 상반기에 보고한 '2050년 한국 인구 피라미드'에 의하면 65세 이상 노인이 39.8%, 14세 이하 유소년은 8.9%를 차지하고 있다. 1960년에는 인구구조가 피라미드 형태였다. 90년 만에 아래위가 뒤집힌 역피라미드 형태로 변화된 것이다.

실버 구독서비스

····

도시의 경우 노령인구의 증가와 결혼하여 새롭게 가정을 꾸리는 가정이 적다 보니 1인 가구 비율이 높아지고 있다. 가전제품 시장에서 대형가전보다는 소형가전이 인기를 끌고 있으며, 소규모 주택 등의 월세가 많아지고 있다. 반대로 중대형의 단독주택은 점점 공실이 늘어가고 있다.

노령화 문제는 도시보다 시골에서 더욱 심각하다. 기술 집약적인 도시와 다르게 지방은 대부분 노동 집약적인 면모가 강하다. 당연히 고령화가 진행됨에 따라 생산성 감소가 도시보다 지방에서 더욱 뚜렷하게 일어나고 있다. 고령화로 인한 산업적 노후화도 문제다. 이미 고령화로 인하여 지방에선 학생들이 줄어 학교 운동장은 논과 밭으로 변했고, 지방의 대형 병원은 오랜 기간 영업하지 않는 곳이 상당수다.

노령화에 따라 지방의 산업적 구조가 변하고 있다. 사랑방 역할을 하는 미장원이나 씹기 편한 중국 식당이 최근 인기다. 고령화로 인하여 치아가 약해도 즐길 수 있는 음식들이 앞으로 각광받을 것으로 보인다. 반면 어르신들이 씹거나 소화가 어려운 음식을 파는 식당들은 사양 사업이 될 수도 있다.

고령화 시대를 우리보다 먼저 맞이한 일본의 사례를 보자. 남편 65세, 아내 60세인 퇴직 부부의 경우 기초 연금과 후생 연금을 포함해 매달 나라에서 평균 19만 엔의 연금을 받는다고 한다. 일본의 물가를 생각하면 그렇게 많은 금액이 아닐 수도 있으나 개인 자산을 합치면 어느 정도의 소비 여력을 가지고 있다고 볼 수 있다. 당연히 소비 여력이 있는 노년층을 대상으로 하는 실버 구독 사업들이 등장하고 있다.

일본은 고령자를 위한 건강식과 씹기 편하고 소화가 잘 되는 음식에 대한 수요가 높아지고 있다. 뿐만 아니라 손주들의 방문에 맞추어 놀이기구, 과자 등을 배달해준다거나 고령자를 위한 주택유지관리 구독서비스도 등장하고 있다. 노인은 젊은 사람보다 이동성이 떨어진다. 무거운 물건을 들고 다니는 것이 어렵다보니 배송형 구독서비스를 주로 이용하는 추세다.

미국도 실버 구독서비스가 새로운 블루오션으로 떠오르고 있다. 미국에는 노인을 위해서 장난감을 보내주는 구독서비스도 존재한다. 손주들이 오더라도 TV와 스마트폰만 보다가 가는 경우가 많다. 할아버지, 할머니가 손주들을 놀아줄 만한 장난감이나 주제가 많지 않기 때문이다. 이런 문제를 해결하기 위해서 그랜마스조이박스(Grandma's Joy Box)라는 구독서비스가 출시됐다. 노년층에게 손주들과 같이 즐길 수 있는 서적, 놀이 재료, 활동 안내서 등을 매달 담아서 배달해준다.

요양원이 아닌 자택에서 거주하고 싶은 고령자들을 위해서 정기적으로 주택을 관리해주는 해슬프리홈(Hasslefreehome)이라는 주택 유지관리 구독서비스도 있다. 아파트의 경우 이런 서비스가 크게 필요하지 않지만, 개인주택이나 전원주택 등에는 매우 유용한 구독서비스다. 이외에도 때가 되면 부모님께 안부 연락과 선물을 보내주는 구독서비스 등 외국에는 다양한 고령자 대상 실버 구독서비스가 있다.

아직 국내에는 실버 구독서비스가 낯설다. 하지만 수년 내에 국내에서도 실버 구독서비스가 활성화 될 것이다. 최근에는 스마트기기에 능숙한 고령층을 의미하는 '실버서퍼'라는 신조어도 생겼다. 구독서비스의 근간을 이루는 요소 중 하나인 온라인에 익숙한 실버서퍼들이 등장하면서 고령층의 구독경제 편입이 가속되고 있다.

비대면이 일상인 세상에서 돈 벌기

2020년 3월에 세계보건기구(WHO)는 코로나19의 팬데믹(Pandemic)을 선언했다. WHO는 감염병의 위험도에 따라 감염병 경보단계를 1~6단계로 분류하고 있는데, 팬데믹은 그중 최고 경고 등급으로 감염병이 세계적으로 유행할 때 선포한다. 그리스어로 'Pan'은 모두, 'Demic'은 사람이라는 뜻으로 전염병이 세계적으로 전파되어 모든 사람이 감염된다는 의미다. WHO가 팬데믹 선언을 한 것은 1968년 홍콩독감과 2009년 신종 인플루엔자 유행에 이어 이번이 세 번째라고 하니 코로나19 확산의 심각성을 알 수 있다.

펜데믹 선언 이후 기존 세상의 패러다임이 송두리째 변하고 있다. 당연히 위기를 견디지 못하고 많은 기업이 폐업하고 있다. 언론에서는 이를 코로나 패닉이라고 공공연히 칭할 정도로 세상은 변하고 있다.

이런 팬데믹 속에서 사람들은 다양한 방법으로 활로를 찾고 있다. 그중 하나가 언택트 마케팅이다. 언론에서도 언택트 마케팅(Untact Marketing)이라는 단어를 당연하게 사용하고 있다. 언택트는 접촉을 의미하는 Contact에서 'Con'을 떼고 부정적 의미를 나타내는 접두사 'Un'을 붙여 만들어진 단어다. 언택트는 접촉하지 않는다는 뜻으로 비대면 마케팅과 같은 의미로도 쓰이고 있다.

언택트 경제의 활성화

이번 코로나19 같은 감염병이 전 세계적으로 확산하는 상황에서 대면 접촉이 비말 전파의 주범이라고 한다. 당연히 마스크 착용 이외에도 백화점, 대형마트, 영화관, 식당, 예배당, 대중목욕탕 등 다중이용시설은 기피 대상이 됐고, 각종 스포츠경기와 행사는 대부분 취소됐다. 이런 상황에서 불특정 다수가 공용으로 사용하는 물건이나 공간에 대한 불신이 팽배해지고 있다. 사람들의 감염에 대한 두려움은 계속 늘어나고 자연스레 온라인 비대면 구매와 서비스가 활성화되고 있다.

기존에 온라인에서 구매하기보다는 마트나 매장에서 직접 보고 사기를 선호하던 신선식품, 프리미엄 가전과 가구 등의 온라인 매출이 큰 폭으로 성장하고 있다. 신세계백화점의 경우 2020년 2월의 경우 온라인 가전 매출은 24.9%, 침대는 147.7%, 신선식품은 378.4% 증가했다. 다만 온라인과 오프라인의 판매량을 더하면 전년 대비 소폭 감소한 모습을 보였다. 코로나 19 확산으로 백화점에 가서 직접 사는 경우는 눈에 띄게 줄었지만, 온라인 매출은 큰 성장세를 보인 것이다.

이러한 코로나19에서 시작한 변화는 구독경제에도 많은 영향을 주고 있다. 다양한 서비스와 제품의 구독서비스 가입자가 증가하고 있다. 그중에서도 사람들이 많이 모이는 시설에 갈 수가 없다 보니 영화(동영상), 책, 음악, 교육 등의 콘텐트 구독서비스에 사람들이 많은 관심을 보내고 있다. 글로벌빅데이터연구소의 자료에 따르면 2020년 2월 19일부터 3월 9일까지 20일간 넷플릭스, 왓챠플레이, 웨이브, 티빙 등 4개 OTT의 정보량을 분석해본 결과, 대다수 OTT 구독 기업들의 검색량이 약 2~3배 상승했다고 한다.

사람들의 콘텐트 구독서비스에 관한 관심은 분야를 가리지 않고 늘어나고 있다. 집에서 동영상으로 배우는 교육분야의 구독서비스 가입률이 증가하고 있다. 특히 집에 있는 시간이 늘어나면서 자신의 집을 직접 꾸미는 DIY 분야와 건강을 챙길 수 있는 홈트레이닝 분야의 구독자가 증가했다고 한다.

다른 사람의 소식을 전해 듣는 콘텐트의 일종인 SNS에도 많은 변화가 있다. 팬데믹 선언 이후 대화를 통해 소통하는 클럽하우스(Clubhouse)라는 소셜 미디어가 인기를 끌고 있다. 대면하지 못하는 상황에서 사람들의 목소리가 담긴 SNS는 기존 미디어들과 차별점이 됐다. 그런 차별점을 바탕으로 클럽하우스는 언택트 시대의 유행으로 자리 잡는 중이다. 이 소셜 미디어가 재미있는 점은 진즉에 구독경제를 언급하며 빠르게 구독서비스를 도입하려 하고 있다는 점이다. 그것도 서비스를 제공하는 회사가 아닌 개인 사용자 자신만의 특이점을 내세운 구독서비스를 도입할 수 있도록 기획 중이라고 한다.

위기를 낭비하지 않는 사람들

코로나19로 인하여 전 세계가 힘들고 슬픔에 잠긴 이때에도 호황을 누리는 글로벌 기업도 상당수 있다. 아마존은 온라인 쇼핑몰을 찾는 소비자가 늘어나서 매출이 급증했다.

외신에 따르면 2020년 상반기 아마존은 급상승한 온라인 주문에 대응하기 위해 배송 및 창고 인력 10만 명을 추가 고용하기로 결정했다고 한다. 아마존은 주문 폭등으로 인하여 물품 재고 부족 및 배송 지연 등의 어려움을 겪고 있다. 보통 2일 내 도착하던 물품이 4일가량 걸린다고 한다. 이런 아마존의 폭발적인 매출의 배경에는 구독서비스가 존재한다. 월 12.99달러를 내면 빠른 무료배송과 각종 혜택을 제공하는 아마존프라임이라는 구독서비스 덕분에 유통업계의 강자가 되었다.

아마존뿐만 아니라 외식 배달 업체 역시 갑작스러운 호황을 맞이했다. 미국은 코로나 확진자가 무서운 추세로 늘어나고 있다. 2021년 초 확진자 수가 2,000만 명을 돌파했다. 미국 정부의 지시로 방문 음식점은 문을 닫고 있다. 외식업 종사자들은 대부분 힘든 시기를 보내고 있지만, 피자 배달업계는 때아닌 호황을 누리고 있다. 미국의 한 시장조사업체에 의하면 미국 내 피자 배달 이용수가 25% 증가했다고 한다. 미국의 유명 피자 프랜차이즈인 피자헛의 경우 미국 전역에서 3만 명 이상의 직원을 채용할 계획을 발표했으며, 다른 업체들도 잇따라 추가 채용 공고를 올리고 있다.

미국뿐만 아니라 산불과 코로나로 인하여 호주 역시 언택트 소비와 구독서비스 사용자가 증가하고 있다. KOTRA 호주 멜버른무

역관에 의하면 호주에서도 자가격리 중이거나 재택근무를 시행하는 기업들이 많아지면서 구독서비스를 사용한 온라인 구매가 증가하고 있다고 한다. Nielson에서 조사한 자료에 따르면, 코로나19로 인해 2020년 1월 26일부터 2월 22일까지 4주간 호주 소비자들이 온라인으로 식료품을 구매한 비율이 45% 증가했고, 그 품목으로는 파스타, 계란, 통조림, 세탁 세제, 차, 청소용 세제, 물, 쌀, 밀가루 순이라고 한다.

언택트 경제의 활성화로 IT 업계는 기존과는 다른 의미로 긴장하기 시작했다. 페이스북의 CEO 마크 저커버그는 기자들에게 페이스북 사용량이 증가하고 있으며, 특히 메신저 프로그램인 '왓츠앱'과 '페이스북 메신저'를 통한 음성, 영상통화량이 평소의 2배에 이르고 있다고 말했다. IT 전문가들은 코로나19로 인한 홈스쿨링과 재택근무를 하는 사람이 늘어나면서 인터넷 트래픽이 증가해 서버다운 등의 문제가 발생할 수 있다는 우려를 표했다.

유럽 역시 코로나19로 인한 변화가 일어나고 있다. 이탈리아는 광범위한 국민의 이동제한령이 시행되면서 2020년 3월 인터넷 트래픽이 폭증했다. 유럽연합(EU)은 유럽의 네크워크 전송률을 낮춰달라고 플랫폼 업체 및 OTT 업체들에 권고했고, 이에 구독서비스의 대표주자인 넷플릭스는 3월부터 향후 30일간 유럽 내 모든 영상의 스트리밍 전송률을 낮추겠다고 발표했다.

해외뿐만 아니라 국내에서도 같은 현상이 벌어지고 있다. 구독서비스 앱인 유튜브 역시 2020년 3월부터 한국을 포함한 전 세계에 제공되는 동영상 스트리밍의 기본 화질 설정을 낮췄다. 기존에는 인터넷 인프라가 약한 유럽에서만 화질 저하조치를 취하고 있다가 적용 범위를 전 세계로 확대한 것이다.

어렵고 슬픈 시기이자 세계적 위기지만, 위기는 항상 새로운 기회를 만들어 냈다. 19세기 콜레라가 창궐하면서 상하수도 인프라 및 공중보건체계가 정비됐으며, 1930년대 대공황으로 소비 여력이 떨어진 고객을 유치하기 위해 슈퍼마켓이 탄생했다. 과거 오일쇼크와 같이 기름값이 급상승하면 산업 전반의 에너지 효율을 위한 신기술 개발이 활성화되거나, 태양광, 풍력 등 친환경 에너지에 대한 관심이 높아졌다.

이번 코로나19로 언택트 서비스가 생활 속에 한 문화로 자리 잡으면서 더 많은 사람이 각종 구독서비스를 이용하게 될 것이다. 그동안 오프라인 시장의 핵심이었던 50대 이상의 중장년층도 온라인 쇼핑몰을 이용한 언택트 서비스에 익숙해져 가고 있다. 백화점의 온라인 가전, 신선식품 등이 폭발적으로 증가하는 현상 역시 중장년층의 소비문화 변화 때문이라 생각된다. **결과적으로 코로나19에**

서 기인한 언택트 서비스 발전은 구독경제를 활성시키고 있다.

"좋은 위기를 낭비하지 마라" - 윈스턴 처칠(Winston Leonard Spencer Churchill/세계 2차 대전 시대의 영국의 총리)

물건을 지속적으로 가질 수 있는 방법

스마트폰만 누르면 언제든지 필요한 제품이 배달되는 세상에서 굳이 지금은 안 쓰는 물건을 보관할 이유가 없다. 자연스럽게 불필요한 물건을 줄이고 일상생활에 꼭 필요한 적은 물건만을 이용해 살아가는 미니멀라이프(Minimal Life)가 주목받고 있다.

설레지 않으면 버려라

일본인 곤도 마리에가 2011년부터 『정리의 발견』, 『인생이 빛나는 정리의 마법』 같은 정리와 관련된 저서를 출간하면서 많은 사람의 관심을 받았다. 이 책들이 몇 년 전부터 유행 중인 미니멀라이프

열풍의 시작점이라고 생각해도 무방하다. 곤도 마리에가 넷플릭스 리얼리티 프로그램 <곤도 마리에: 설레지 않으면 버려라>에 출연하면서 미니멀라이프가 미국에서도 선풍적인 인기를 얻었다.

곤도 마리에는 정리를 하기 전에 항상 '집'에 감사 인사를 하고, 집안의 모든 소품과 추억의 물건이 얼마나 있는지 살펴본다. 그리고 그 물건들이 너무 많지 않은지 생각하고 이를 정리하기 시작한다. 정리하는 방법이 특이하다. 이면에는 무소유 같은 동양적인 철학도 담고 있어서 미국에서 굉장히 화제가 됐다. 곤도 마리에의 정리는 물건을 안아보고 설레는지(Does it spark joy?) 확인한다. 설레면 물건을 남기고 설레지 않는다면 물건을 버린다. 더는 설렘을 주지 않아 버리는 물건에는 "고맙다"라고 말하며 작별 인사를 한다. 이것을 보면서 나는 개인적으로 버린다는 단어보다 비운다라는 표현이 어울려 보였다.

대부분 사람은 소유에 대한 집착으로 인해 사용하지도 않는 물건을 계속 가지고 있다. 반면 곤도 마리에는 버리는 물건에도 감사의 감정을 불어넣는다. 그 모습을 보며 사람들은 자신이 필요 이상으로 너무 많이 소유하고 있음을 인지하고 정리의 필요성을 깨닫는다. 실행으로 옮기지 않더라도 소유에 대한 집착을 줄이는 것 자체만으로도 곤도 마리에의 물건 정리법은 훌륭하다고 생각한다.

아마도 그녀는 사람들에게 물질적인 소유를 통해서는 진정한 행복을 이룰 수 없다는 메세지를 던지고 있는 것이 아닐까? 실제로 미국 언론은 소비를 미덕으로 여기던 사람들이 곤도 마리에의 방송을 보고 안 쓰는 물건을 자선 단체에 기부하는 건수가 눈에 띄게 늘어났다고 보도했다.

자신이 필요한 물건만 소유하는 미니멀라이프가 대세가 되면서 구독경제도 같이 조명을 받고 있다. 미니멀라이프를 유지하는 방법으로 기존 구매방식과 결이 다른 구독경제를 택하고 있는 것이다. 구독경제와 미니멀라이프 두 트렌드 모두 물건의 소유가 아니라 이용에 초점을 두는 것도 비슷하다. 당연히 미니멀라이프가 대세가 될수록 사람들은 기존의 구매방식에서 한계를 느낄 것이고, 구독경제는 점점 더 많은 영역으로 확장될 것이다.

Renewable Energy 100%

....

'RE100'을 얼핏 들으면 영화 터미네이터의 뜨거운 용광로로 들어가는 장면의 마지막 대사인 "I will be back"이 연상된다. RE100은 일반인에게는 낯선 단어다. 하지만 RE100은 몰라도 '기업의 사회적 가치'라는 말은 들어봤을 것이다. RE100은 기업의 사회적 가치와 연관이 깊다. RE100은 'Renewable Energy 100%'의 줄임말로 기업에서 사용하는 전력을 재생에너지로만 이용하겠다는 자발적 글로벌 캠페인이다. 2014년에 미국 뉴욕 기후 주간지에서 기후 변화 행동 비영리단체인 'The Climate Group'과 'CDP(Carbon Disclosure Project)'가 처음 소개하면서 시작됐다. 환경에 대한 기업의 사회적 책임이 강조됨에 따라 세계적으로 RE100 참여 기업은 늘어나고 있다.

지금은 애플, 구글, 페이스북 등의 글로벌 ICT 기업들뿐만 아니라 나이키, 이케아, BMW, 코카콜라 같은 다양한 산업군의 기업으로 참여가 확산되고 있다. RE100 초창기에는 미국과 유럽 기업들 위주였지만 지금은 세계 각국으로 확대되어 2021년 1월, 전 세계 약 280개 기업들이 참여하고 있다. 옆 나라 일본의 경우 RE100 참여 기업이 50개사가 넘으며, 국내에서는 SK그룹 산하 6개 자회사가 참여 중이다.

이러한 RE100 캠페인의 대표 기업은 세계 시가총액 1위 기업 애플이다. 애플은 이미 100% 재생에너지 사용을 달성했다고 한다. 애플은 100% 재생에너지 사용을 위해 2013년 미국의 전 환경보호청장 출신인 리사 잭슨을 환경·정책 및 사회적 이니셔티브 담당 부사

장으로 영입했다. 오바마 행정부에서 청정에너지 관련 정책을 기안한 리사 잭슨의 지휘 아래, 애플은 몇 년 안 돼서 RE100을 달성했다.

애플은 사람들이 그들을 떠올릴 때 환경을 보호하는 친환경적 기업의 이미지가 떠오를 수 있도록 이미지 브랜딩을 하고 있다. 이러한 움직임은 애플의 협력사에도 영향을 주고 있다. 애플을 좇아 100% 재생에너지 기반으로 생산한다고 밝힌 협력사가 수십 곳이 넘는다. 애플과 거래하는 삼성전자, LG디스플레이, SK하이닉스 등도 장기적으로는 친환경 에너지 전략 수립을 할 수밖에 없을 것으로 보인다. 국내 대기업이 친환경 에너지 전략을 수립하게 된다면 그 기업에 제품과 서비스를 납품 및 제공하는 협력업체에도 영향을 미칠 것이다.

정치권에서도 환경은 뜨거운 감자다. 조 바이든 미국 대통령은 임기 첫날 파리기후협약 복귀, 마스크 착용 의무화, 인종평등 보장 등 3건의 행정명령을 언론 앞에서 공개 서명했다. 행정명령이란 의회의 입법 없이 대통령이 동원할 수 있는 권한이다. 이처럼 미국의 대통령이 지구온난화의 주범인 온실가스 배출 감축에 지대한 관심을 보이니, 투자 자산 규모가 약 7조8000억 달러의 세계 1위의 자산운용사인 블랙록이 움직였다. 블랙록은 자신들이 투자한 기업들에게 탄소 중립(Net Zero) 계획을 밝힐 것을 공개적으로 요구하고 있다. 탄소중립이란 온실가스 배출량과 제거량을 더해 순 배출량이 0인 상태를 의미한다. 블랙록은 삼성전자, 현대자동차 같은 우리나라 대기업에도 투자자하고 있으며 삼성전자의 3대 주주이기까지 하다. 우리나라 기업들도 탄소중립에 대해서 고민할 수밖에 없다.

기업의 RE100 참여는 단순히 환경보호를 위한 것만이 아니다. **최근 ESG는 기업의 필수 생존 조건**이 되고 있다. ESG는 기업의 비재무적 요소인 환경(Environment), 사회(Social), 지배구조(Governance)의 앞글자를 딴 단어이다. **최근에는 단순히 기업의 재무적 요소가 아닌 환경적, 사회적, 윤리적 가치를 반영하는 기업에 사람들은 투자한다.**

당연히 기업은 더 이상 환경문제를 방치할 수 없게 되었다. 기존에 화학에너지를 사용해 하나의 모델을 대량생산하는 체제에 비상이 걸린 것이다. 전처럼 제품을 불특정 다수에게 팔기 위해 대량생산하는 것이 힘든 시대가 오고 있다. 그렇다고 기업의 이윤을 포기할 수도 없다. 이제 기업은 딱 필요한 수량을 생산해서 최대 다수의 소비자에게 만족을 주는 비즈니스모델을 택할 수밖에 없다. 바로 구독경제 모델이다. 개인에게 맞춤화된 상품은 소비자의 만족감을 올려준다. 만족감을 올려주는 동시에 기존의 대량생산 체제를 벗어날 수 있다. 환경과 소비자의 만족감 두 마리 토끼를 모두 잡을 수 있는 경제모델인 셈이다.

흰색 운동화만 파는 세상

....

스위스 취리히에 본사를 두고 있는 신발업체 온(On)은 사이클론(Cyclon)이라 부르는 신발 구독서비스를 선보였다. 신발 구독서비스는 매우 흔한 비즈니스모델인데 사이클론은 조금 특별한 면이 있다. 신발을 구독하여 소유하는 것이 아니라 이용하고 반납한다. 사이클론은 이용자가 월에 약 29.99달러를 내면 구독할 수 있는데 구독서비스 비즈니스모델에서는 잘 활용되지 않는 몇 개월의 최소 약정 기간과 약간의 보증금이 있다. 이렇게만 보면 구독경제 중 렌털 비즈니스모델과 유사해 보이지만 그렇지는 않다.

이 구독서비스는 특징은 운동화를 받고 사용하다가 신발 수명이 다해 반납하면 새로운 신발을 다시 보내주는 것이다. 반납한 신발은 그냥 버리는 것이 아니라 파쇄한다. 그리고 파쇄 재료를 재활용해 새로운 신발을 제조한다. 온 사의 신발은 밑창 부분은 석유화학 소재로 만들었지만 다른 부분은 식물재료 등 친환경 소재를 활용한다. 또한 신발 염색에 사용되는 화학물질을 최대한 줄이기 위해서 신발의 색깔은 오직 흰색뿐이다. 모두 환경을 생각한 제조 방식이다.

이제 사람들은 환경을 생각하는 기업을 선호하고 자신의 재화를 소모한다. 당연히 기업은 환경을 고려할 수밖에 없다. 기존의 화학에너지를 이용한 다량 제품 생산이 줄어들고 소량의 맞춤 제품 생산이 늘어날 것은 너무도 자연스러운 흐름이다. 2021년 상반기 이후에나 본격적인 사이클론 서비스가 시작됨에도 불구하고 이미 많은 관심을 받고 있다고 한다. **그만큼 친환경에 대한 대중의 관심이 높다는 방증이다.**

스마트폰은 2년밖에 쓰지 못한다?

····

"스마트폰이 2년 정도 지나면 자연스럽게 교체할 수밖에 없게 되는데 일부러 제품을 이렇게 만드는 것 아니냐?" 가끔 지인들과 하는 이야기다. 이른바 스마트폰 회사들이 '계획적 노후화.' 또는 '진부화(planned obsolescence)'를 하고 있다고 생각하는 것이다. 계획적 노후화는 기업이 일정 기간이 지나면 제품을 정상적으로 사용할 수 없도록 설계하여 어느 시점이 되면 새 제품의 구매를 유도하는 것을 의미한다.

우리나라 소비자만 그렇게 생각하는 게 아니다. 미국의 소비자들도 그렇게 생각하고 있다. 미국 소비자 10명 중 9명 이상이 스마트폰 제조사의 계획적 노후화를 의심하고 있다는 조사 결과가 나왔다. 2018년 미국 정보기술 전문매체 폰아레나가 '계획적 노후화가 실제 존재한다고 생각하십니까'라는 주제로 한 설문조사 결과, 전체 응답자 중 90.6%가 '그렇다.'고 응답했다. 스마트폰 제조사의 계획적 노후화는 실제 존재하지 않을 거라고 말한 응답자는 9.4%에 불과했다.

물론 스마트폰 제조사들이 계획적 노후화를 기획하고 있는지의 사실 여부는 우리가 알 수 없다. 사실 여부를 떠나서 주요 기능은 비슷하나 디자인의 변형을 통해 기존의 제품을 유행에 뒤처졌다고 생각하게 만들어 교체를 유도하는 방식은 소비자에게는 경제적 부담이 되고, 사회적으로는 불필요한 자원낭비를 하는 문제다.

애플코리아는 이런 사회적 문제를 자각했기 때문인지, 자사 홈페이지에 다음과 같은 내용의 글을 개시했다.

'가능한 오래 사용할 수 있도록'이라는 타이틀로 당신이 매일 일상적으로 의지하는 기기이기에 우리는 몇 년을 쓰고도 또 그만큼 더 쓸 수 있도록 설계합니다. 내구성 좋은 소재로 만들어진 외장을 지속적으로 업데이트되는 OS가 든든히 지원하죠. 여기에 5,000여 곳의 믿음직한 Apple 공인 수리 센터 네트워크 덕분에 예상치 못한 일이 발생해도 안심할 수 있습니다. 당신이 한 기기를 오래 쓰는 게 지구에도 좋은 일이니까요

수명이 다한 기기도 지구에 보탬이 될 수 있습니다. Apple Trade In은 쓰던 기기를 새 기기 구매 시 사용할 수 있는 크레딧으로 바꿔주고, 아직 쓸만한 기기에는 새 주인을 찾아주는 손쉬운 방법이죠. 크레딧 제공 대상이 아닌 기기의 경우 무상으로 재활용해드립니다. 보상 판매된 당신의 기기가 어느 방식으로 쓰이든, Apple Trade In은 채굴되는 광물의 양을 줄이는 데 도움을 주죠. 그리고 그건 당신은 물론, 환경에도 좋은 일이랍니다."

애플의 이런 입장발표는 기업의 사회적 책임의 증대와 이어진다. 이제는 단순히 배출하는 오염물질뿐만 아니라 제품의 생산으로 인해 발생하는 자원의 낭비, 에너지 소비같은 사회문제에 대해서도 기업의 책임을 묻기 시작했다. 전처럼 다품종 대량생산 또는 다품종 소량생산도 아닌 딱 필요한 만큼의 제품만을 생산해야 하는 시대가 온 것이다.

이제는 기업과 환경은 뗄 수 없는 관계가 됐고, 환경문제는 자연스레 맞춤형 서비스 즉 구독경제로 이어질 것이다.

INSIGHT

과연 공유경제는 계속될 것인가?

구독경제는 몰라도 공유경제라는 단어는 누구나 상식처럼 알고 있다. 내 주변의 가까운 지인들조차 아직도 내가 공유경제를 전문적으로 연구하는 줄 알고 있다. 물론 두 경제모델 모두 연구했지만, 구독경제가 낯설다 보니 익숙한 공유경제로만 기억하는 듯하다. 최근 국내에서 공유경제가 주목받은 사건이 있었다. 2020년 초 국내의 승차를 공유하는 모빌리티 공유경제 기업 '타다'가 기존의 택시기사들과 마찰을 빚었다. 기존의 택시기사들은 삭발·분신 같은 극단적인 방법까지 동원하며 타다의 합법화를 막았다. 결국 법원은 타다를 불법으로 판결지으면서 타다는 경영상의 심각한 타격을 입었다. 이를 두고 국내의 공유경제가 퇴보하게 되었다는 의견을 내놓는 사람도 있었다.

2008년에 로런스 레식 교수가 공유경제를 이야기한 이후로 10년 이상의 세월이 흘렀다. 2010년대 중반 이후는 공유경제의 전성시대였다고 해도 과언이 아니다. 처음 공유경제의 전성기를 열은 스타트업은 우버(Uber)였다. 우리나라에도 우버의 사업 허가에 대한 찬반 논란이 아직까지도 있을 정도로 시장에 큰 반향을 일으켰다. 우버는 차량을 가진 운전자와 승차 서비스를 이용하려는 이용자를 연결해주는 중개 플랫폼으로 시작했지만 이제는 현대자동차와 에어택시 사업을 함께 할 정도로 세계 최대 모빌리티 기업으로 발돋움하고 있다. 이런 우버를 필두로 전 세계 공유경제 기업들의 기업가치가 빠른 속도로 상승했다.

◆ 위태로운 글로벌 공유경제 유니콘

2010년 창업한 위워크는 다양한 기업에 사무 공간을 같이 사용할 수 있게 하는 서비스를 제공하고 있다. 위워크는 창업 10년 만에 서울을 비롯한 123여 개 도시에 848개의 지점을 늘려가고 있었다. 사실 공유오피스라는 비즈니스모델은 전부터 있었지만 위워크를 기점으로 전 세계적으로 선풍적인 인기를 끌었다. 위워크는 월 단위 계약이나 개인별 계약도 가능한 비즈니스모델로 보증금으로 목돈이 들어가는 사무실 임대 계약에 대한 부담을 줄여줬다. 또한 책상과 의자, 사무용 복합기, 와이파이 등의 기본적인 오피스 환경도 구비돼 있기 때문에 유연한 인력구조가 필요한 소규모 기업을 중심으로 큰 인기를 끌었다. 멋진 카페를 연상시키는 공간 인테리어와 입주자에게 다양한 네트워크를 제공하며 밀레니얼 세대에게 딱 맞는 비즈니스모델이라는 호평을 받았다. 세계적인 기업가이자 투자자인 손정의 소프트뱅크 회장이 거액을 투자하면서 위워크의 앞날은 밝을 것이라고 사람들은 생각했다.

위워크는 공간의 공유경제와 커뮤니티 플랫폼을 제공하는 IT 회사를 표방했지만, 이런 방식에 대해 단기 부동산 임대업과 다를 바가 없다는 얘기가 나오기 시작했다. 결국 기업가치가 과대평가됐다는 비판 속에서 수백억 달러에 달하던 기업가치는 수십억 달러까지 주저앉았다.

2019년 경영 악화로 인해 기업공개(IPO)가 무기한 연기됐고, 직원의 약 20%를 감원하는 대규모 구조조정에 들어가야 했다. 대주주인 소프트뱅크는 위워크에 추가로 수십억 달러를 지원해야 했다. 2020년 2월 공동창업자 겸 CEO가 물러나면서 부동산 업계 전문가를 새로운 CEO로 영입하게 됐다. 아이러니하게 IT업계의 글로벌 기업을 지향하던 위워크는 부동산 전문가를 영입하면서 부동산 회사의 색채가 강해지고 있다.

또다른 공유경제 유니콘인 에어비앤비 역시 비슷한 일로 곤욕을 겪고 있다. 에어비엔비는 자신이 사용하지 않는 방이나 집을 다른 사람들에게 빌려주는 주거 공유경제의 정석과도 같은 거대 기업이다. 이러한 에어비엔비도 부동산중개업인지 정보서비스업인지에 대해서 해석이 나뉘고 있다. 에어비앤비는 그동안 부동산중개업에 해당하며 규제를 받아야 한다는 숙박업계와 지자체와 많은 갈등을 겪어왔다.

다행히도 유럽연합(EU) 최고법원은 에어비앤비를 부동산중개업체가 아닌 정보서비스업체라고 판결 내렸다. 에어비앤비가 정보서비스업체라는 판결을 받음으로써 일단 유럽 시장의 청신호는 켜진 셈이다.

에어비앤비는 수많은 우려 속에서 2020년 12월 성공적으로 나스닥에 상장했다. 에어비앤비는 상장 첫날에 주당 146달러로 거래를 시작했다. 이는 공모가에서 두 배 가격이었다. 그날 에어비엔비 주식은 공모가에서 112.8% 오른 144.71달러에 거래를 마쳤다. 상장 첫날 시총 1,000억 달러를 돌파했다. 이 시가총액은 메리어트, 힐튼, 인터컨티넨셜, 하얏트 같은 세계적인 호텔 브랜드들을 합친 것보다 크다.

하지만 에어비앤비가 겪고 있는 문제점은 많다. 유명 관광지에서 에어비앤비 때문에 주택가격이 상승하여 원주민을 떠나게 하고 있다는 지적도 있다. 이뿐만 아니라 공중위생이나 안전, 범죄의 위험성이 있다는 주장도 지속적으로 제기되고 있다. 인종차별에 대한 불만도 주기적으로 나오곤 한다.

다시 우버의 이야기로 돌아가보자. 우버는 2009년 6월 미국 샌프란시스코에서 '승차공유서비스'라는 비즈니스모델을 가지고 혜성처럼 등장했다. 자가용을 소유한 사람이라면 누구나 남는 시간에 자신의 차량으로 추가 수익을 올릴 수 있다는 장점을 바탕으로 우버는 단기간에 유니콘 기업의 반열에 올랐다. 하지만 기업공개(상장) 이후 거품 논란이 일었다. 기업가치는 절반 이하로 꺾이고 말았다. 인종차별 같은 민감한 문제들도 연이어 터지면서 향후 성장 가능성에 대한 시장의 우려가 커지고 있다. 국내와 같은 규제가 강한 나라도 우버에게는 걸림돌이었다. 그 결과 이미 우버는 중국, 동남아시아 등 몇몇 시장에선 국가의 규제에 밀려 사업을 철수해야 했다.

시장 확장의 스케일이 큰 만큼 문제점도 여기저기서 나타났다. 우버는 계속해서 전 세계의 택시 노동자들과 마찰을 빚었다. 이런 문제점은 비단 우버만이 겪고 있는 것이 아니다. 공유경제 기업들은 단기·계약직 근무 또는 프리랜서를 의미하는 긱경제(Gig Economy)

와 관련한 여러 논란과 우려를 일으켜 왔다. 택시 운송업자 등 기존 사업자와의 사회적 갈등과 노동자 처우 개선 문제는 우버와 같은 공유경제 기업들의 사회적인 이슈로 떠오르고 있다. 세계 각국에서는 일부 공유경제 기업들이 실제로는 플랫폼을 이용하여 수수료 장사로 돈을 벌고 있다는 비판도 상당히 많다.

이번 코로나19처럼 전염병의 창궐을 공유경제에 안 좋은 시그널로 보는 사람도 많다. 감염병이 창궐하는 상황에서 불특정 다수의 사람이 공동으로 사용하는 물건이나 공간에 대한 불신과 감염에 대한 두려움으로 인해 공유경제 관련 사업들이 타격을 받은 것도 사실이다.

◆ 아직 시작도 하지 않았다

다양한 논쟁거리가 널려있는 상황에서 2020년대에도 공유경제의 전성시대가 계속될 것인가에 대해서 의견이 분분하다. 개인적으로 공유경제는 계속해서 발전할 것으로 생각한다. 공유경제도 구독경제처럼 온라인과 모바일을 통해 수요와 공급을 손쉽게 연결했고, 자원의 활용성을 효율적으로 높였다. 전에는 차량을 한두 시간 사용하기 위해서 하루치 가격을 주고 렌트하거나 택시를 타야 했지만 이제는 언제 어디서든지 차량 공유 서비스를 이용할 수 있다. 해외에서 호텔이나 리조트 대신 다양한 형태의 숙소를 저렴하게 이용해볼 수도 있고, 현지인처럼 생활해 볼 수도 있다.

공유경제에서 공급자는 자신이 소유하고 있는 여유 자원을 공유함으로써 부가적인 소득을 창출할 수 있고, 사용자는 자신에게 필요한 다른 사람의 여유 자원을 저렴한 가격으로 공유받아 활용할 수 있다. 공유경제는 경제적인 것은 물론이거니와 불필요한 제품 생산을 줄일 수 있어서 환경보호에도 큰 역할을 한다고 볼 수 있다.

공유경제 시장의 영역도 계속해서 넓혀갈 것으로 본다. 지금까지와는 다르게 공간이나 제품뿐만 아니라 비즈니스 노하우, 금융지식, 교육, 자신만의 차별화된 경험 같은 무형의 재화로까지 확장될 것이다. 지금까지의 공유경제는 프롤로그에 불과하다고 생각한다. **공유경제 시대에는 공유할 수 있는 모든 것을 공유하게 될 것이고, 공유 자체가 구독화되는 경제시스템으로 발전할 것이다.**

여전히 사람들에게 공유경제는 필요한 존재다. 플랫폼 경제가 아닌 지식, 경험, 노하우 등의 무형 재산에 대한 진짜 공유경제는 시작도 되지 않은 만큼, 향후 성장 가능성이 매우 큰 분야라고 생각한다. 앞으로는 구독경제처럼 공유경제도 소비자가 직접 서비스에 참여하고 디자인하면서 직접 만들어가는 비즈니스모델로 변할 것이다.

SUBSCRIPTION ECONOMY

PART 3

부의 끝없는 확장, 구독경제 시장

그들은 왜 이토록 구독에 열광하는가?

마이크로소프트(MicroSoft), 애플(Apple), 구글(Google), 아마존(Amazon)은 세계 경제를 이끄는 시가총액 1~4위까지의 글로벌 기업들이다. 우리는 이 대기업들의 앞글자를 따서 MAGA라고 부른다. 2020년 7월 MAGA에 속한 기업들의 시가총액이 1조 달러를 넘겼다. 우리나라 돈으로 약 1,200조 원이 넘는 금액이다. 우리나라 2020년 예산이 약 500조 원가량이니 우리나라 예산의 2배를 훌쩍 넘는 금액이다.

그중에서도 애플은 2020년 8월 미국 상장기업 중 최초로 시장가치 2조 달러(한화 약 2,400조 원)를 돌파했다. 국내 증권시장에 속해 있는 2,365개 회사의 시강총액을 합산한 금액이 약 2,000조 원을 약간 넘는다. 즉 시가총액 기준으로 우리나라의 상장기업들을 모두 합해도 애플 하나보다 작다. 우리나라 대표 기업인 삼성전자(시가총액 약 500조 원)과 비교하면 거의 5배 규모이고 우리나라 1년 예산의 4배가 훌쩍 넘어갈 정도다. 국가별 국내총생산(GDP)과 비교하면 미국, 중국, 일본, 독일, 영국, 프랑스 바로 다음에 위치한다. 기업 하나가 G7의 경제 규모에 버금가는 크기다.

마이크로소프트의 기사회생

MAGA의 영향력은 우리의 상상을 뛰어넘는다. 규모뿐만 아니라 세계 각국에 미치는 영향력도 엄청나다. 클라우드 기술처럼 미래를 선도하는 IT 기술력을 가지고 있고, 수많은 외부 하청업체를 먹여 살리고 있다. 미국의 주식시장의 20%를 MAGA가 담당하고 있다. 그렇다면 이 기업들의 힘은 어디서 나올까? 다양한 이유가 있겠지만 가장 큰 것은 MAGA는 고객들의 니즈와 세상의 변화에 민감하게 반응하고 나아가 트렌드를 주도하는 기업들이라는 점이다. 구독경제의 경우도 마찬가지다. MAGA는 세상의 변화를 읽고 준비하고 있다. 그들은 모두 구독서비스를 제공하며 구독서비스 회사로 빠르게 진화하고 있다.

마이크로소프트사의 MS오피스는 일반인들에게도 익숙한 Word, Excel, PowerPoint 그리고 Outlook 등으로 유명한 프로그램을 만든 회사다. 예전에는 MS오피스 등을 구매해서 사용했지만, 지금은 많은 사람들이 MS오피스를 구독으로 사용하고 있다. 본인도 모르게 회사에서 사용하는 클라우드 서버 구독서비스인 Azure 역시 마이크로소프트가 제공하고 있다.

아마존은 유통 관련 구독서비스를 얘기할 때 빠지지 않고 등장하는 기업이다. 2004년 그들이 시작한 아마존프라임은 현재 세계 유통 구독서비스의 롤모델처럼 여겨진다. 아마존은 마이크로소프트와 마찬가지로 클라우드 서버 구독서비스를 제공하고 있다. 오히려 마이크로소프트보다 먼저 시작해 현재 클라우드 서버 분야에서 선두를 달리고 있다.

애플은 자사의 많은 부분을 구독서비스로 전환하고 있다. 고객들의 충성도가 높은 하드웨어를 기반으로 그안에 들어가는 다양한 소프트웨어를 구독서비스로 풀어내고 있다. 최근에는 애플카에 대한 발표를 하면서, 모빌리티 구독서비스에도 눈길을 주고 있다.

구글을 떠올리면 가장 먼저 생각나는 것이 무엇인가? 바로 유튜브다. 유튜브는 사람들에게 구독이란 단어를 친숙하게 만들었다. 어떻게 보면 구독이란 단어에 새로운 생명을 불어넣은 기업이라고 할 수 있다. 그 외에도 영화, 음악, 게임 등 다양한 분야의 서비스를 구독서비스로 제공하고 있다.

하지만 MAGA의 기업 모두가 처음부터 구독경제 같은 트렌드에 민감하게 반응했던 것은 아니다. 특히 마이크로소프트사는 기존의 컴퓨터 관련 기술들만 믿고 시대의 흐름에 뒤쳐진 탓에 위기를 겪기도 했다.

"Today, Apple is going to reinvent the phone." 2007년, 스티브 잡스가 아이폰 출시를 알렸다. 스마트폰의 발명은 모바일(Mobile) 세상이라는 완전히 새로운 패러다임의 시작이었다. 하지만 마이크로소프트라는 공룡은 시대의 변화에 무관심하다가 기업가치의 하락이라는 위기에 빠지게 됐다. 2013년 뒤늦게 노키아의 휴대전화 사업을 인수했다. 그러나 단 2년 만에 수천 명의 직원을 해고하며 노키아 투자금의 상당인 약 78억 달러를 감가상각했다. 사실상 휴대전화 사업에서 철수하며 역대 최악의 성적표를 받았다.

이후 마이크로소프트는 한동안 진통을 겪으며 CEO가 교체됐다. 새로운 CEO 사티아 나델라는 취임 후 클라우드 구독서비스에 사활을 걸었다. 동시에 가지고 있던 다양한 제품과 서비스도 구독서비스로 전환하며 분위기의 반전을 노렸다. 그 결과 마이크로소프트는 Office 365, Microsoft Azure, Xbox 등 다양한 구독서비스를 시작하면서 지금은 애플의 뒤를 이어 시가총액 2위를 달리고 있다. 마이크로소프트의 기사회생 배경에는 새로운 분야를 개척한 CEO의 힘도 있지만 기존에 있던 무기를 구독서비스로 풀어낸 점도 있다.

MAGA의 대표적 구독서비스

Microsoft	Azure, MS 오피스365 등
	Apple TV+, Apple Arcade, Apple News+ 등
Google	유투브, 구글 클라우드 게임, 포토 등
amazon	아마존프라임, AWS(Amazon Web Services) 등

테슬라는 웃고 있다

....

테슬라(Tesla)의 CEO 일론 머스크(Elon Musk)는 아이언맨의 모델로 유명하다. 스티브 잡스 이후에 세계에서 가장 유명한 기업인이라고 생각한다. 2020년 5월 스페이스엑스(SpaceX)가 민간기업 최초로 유인 우주선 발사에 성공하여 큰 화제가 됐다. 스페이스엑스는 일론 머스크가 화성에 이주한다는 꿈을 내걸고 2002년 설립한 민간

우주선 개발업체다. 물론 테슬라의 주력 산업은 모빌리티 분야다. 전기차 분야의 독보적인 1위를 달리고 있다. 현재 테슬라는 시가총액 약 920조 원으로 전 세계 글로벌 자동차 회사 시가총액 1위에 등극했다. 테슬라는 2위인 토요타의 시가총액의 4배의 크기를 가지고 있다. 이런 테슬라도 구독서비스에 대한 의지를 밝히고 기존의 서비스 영역을 넘는 구독서비스를 준비하고 있다. 테슬라는 2020년 컨퍼런스 콜에서 무려 자율주행에 관한 구독서비스를 론칭할 것이라고 선언했다.

> "FSD(Full Self-Driving)옵션을 구독서비스로도 제공하게 될 것 같다"
> "아마도 올 연말부터 가능할 것으로 예상한다"
> "지금처럼 FSD를 옵션으로 판매하는 것이 수익적인 측면에서는 유리할 것으로 판단되지만 FSD를 구독서비스로도 제공하는 것을 추진하는 이유는 미래에 대한 투자, 소비자들에게 혜택이 되는 투자라고 생각하기 때문이다"
>
> 2020년 1분기 테슬라의 실적보고 투자자 대상 컨퍼런스 콜

2020년 1분기 실적보고에서 일론 머스크는 테슬라 자율주행차에 구독서비스 모델을 도입할 것이라고 했다. 그는 구독서비스 추진 이유를 미래에 대한 투자라고 했다. 테슬라의 발표 후 세계적인 투자금융 회사인 모건 스탠리(Morgan Stanley)는 자율주행 구독서비

스가 테슬라의 비즈니스모델에 어떤 영향을 미칠지를 분석해 다음과 같은 보고서를 공개했다.

> "테슬라는 자율주행을 수익화한 업체다. 일반적인 제조사와 비교했을 때, 월 구독 소프트웨어 서비스를 통해 수집하고 분석할 막대한 양의 데이터를 가지고 소비자가 어디에 가치를 두는지 파악할 수 있다. 그와 관련된 다양한 서비스를 제안할 수 있고, 데이터를 토대로 한 기술 발전이 가능하다는 부분에서 테슬라는 자동차 시장에서 경쟁 우위를 선점할 수 있는 조건을 가지고 있다. 현재는 테슬라 차량 구매자의 27%만이 약 7,000달러의 비용을 주고 완전자율주행 패키지를 구매한 상태이다. 하지만 월 100달러의 완전자율주행 패키지 구독서비스를 제공할 경우 기존 테슬라 차량 구매자 중에 해당 서비스를 구독하는 사용자가 늘어날 것이다. 2025년까지 완전자율주행 구독서비스는 매출의 6%밖에 되지 않겠지만, 총 수익은 25%에 달할 것이다. 최상의 시나리오대로 간다면, 테슬라 주식이 한 주당 2,000달러에 이를 것이다."

물론 지금도 페라리, BMW, 현대차 등 많은 모빌리티 회사들이 자동차 구독서비스를 하고 있다. 하지만 테슬라는 더 나아가 자동차만이 아닌 '자동차의 자율주행 프로그램' 구독서비스를 준비하고 있다. 테슬라는 사실상 모빌리티 분야에서 소프트웨어를 구독 판매하는 회사로 진화 중인 것이다.

애플은 변화를 꿈꾼다

....

개인적으로 구독경제 관심을 가지기 시작한 것은 2016년 애플의 행보를 예상하면서다. 그때는 구독경제라는 단어 자체가 거의 회자되지 않았던 시절이다. 나는 애플의 제품을 쓰지 않지만, 아들은 애플의 아이폰(iPhone)과 아이패드(iPad)을 사용하고 있었다. 애플을 쓰는 사람들은 애플만 사용한다. 그중에 우리 가족도 포함되어 있다.

애플은 세계에 수많은 충성고객을 거느리고 있다. 단순하면서도 세련된 디자인과 고객 중심의 맞춤형 서비스를 기반으로 충성고객을 모아왔다. 이런 충성고객을 바탕으로 애플은 스마트폰 외에도 음악, OTT 등 사업의 다각화를 추진해왔다.

우리나라 언론에는 자세히 보도되지 않았지만, 2016년 10월 골드만삭스(Goldman Sachs)의 리서치 애널리스트 시모나 잔코스키는 경제 정보 제공 주간지 블룸버그(Bloomberg)에 출연하여 아마존프라임과 같은 애플프라임(Apple Prime)이라는 월정액 구독서비스 사업을 애플에 제안한다. 이 구독서비스는 아이폰 업그레이드, 애플 TV, 애플뮤직 등 애플의 다양한 서비스를 한데 묶어 소비자들에게 제공하는 시스템이었다. 국제 금융 시장을 주도하는 대표적인 투자은

행 겸 증권회사인 골드만삭스가 애플에 공개 제안할 정도면 이미 2016년부터 구독경제는 주류 경제 트렌드로 자리 잡고 있었다고 할 수 있다. 이미 이때부터 애플은 서비스 제공회사로의 진화를 모색하고 있었다. 골드만삭스의 리서치를 본 후에 나는 애플이 간판 상품인 아이폰의 판매가 정체되면서 성장의 위기에 빠졌지만, 결국 서비스 제공회사로 진화할 것이라고 주변에 말하곤 했다. 그 말을 들은 사람들은 대부분 말도 안 된다는 반응을 보였다. 휴대전화만 팔아도 잘 나가는데 왜 그런 걸 하겠냐는 반응이 대다수였다.

드디어 애플은 2019년 3월 미국 캘리포니아에서 미디어 행사를 열고 새로운 서비스들을 발표했다. 언급한 내용 대부분이 애플 TV 플러스(Apple TV+)와 게임 구독서비스인 애플 아케이드(Apple Arcade), 새로운 뉴스 구독서비스인 애플 뉴스 플러스(Apple News+) 등의 구독서비스였다. 애플이 서비스만 가지고 이런 큰 행사를 연 건 이번이 처음으로, 애플이 구독서비스 회사로 변하고 있는 것을 알리는 첫 행사였다. 그것도 한 번에 세 가지 구독서비스를 발표했다. 애플이 얼마나 많은 준비를 해왔고 구독서비스 시장을 어떻게 보고 있는지 알 수 있는 이벤트였다.

애플은 2020년에도 비슷한 이벤트를 열었다. 9월 온라인 신제품 발표 행사를 열고 자체 콘텐트 구독서비스를 통합한 애플 원

(Apple One)을 일부 국가에서 운영한다고 밝혔다. 스마트폰·스마트워치와 태블릿PC 활용도를 높일 수 있도록 월간·연간 구독 멤버십 서비스를 통합하겠다고 발표했다.

이처럼 애플은 스마트폰 판매에만 의존하지 않고 구독서비스 회사로의 진화에 박차를 가하고 있다. 이미 애플은 2019년 구독서비스를 시작하여 2020년 2분기 서비스 부문 매출액은 전년 동기보다 15% 늘어난 131억 5,600만 달러에 육박하며, 전체 매출에서 차지하는 비중도 이미 20%대로 상당 부분을 차지하고 있다. 고정비 부담이 높은 아이폰 같은 하드웨어 제품보다는 고정비가 적은 서비스 매출이 증가할수록 애플의 전체 이익률은 더 높아질 것이다. 아마 하드웨어의 고정비 지출은 애플도 인지하고 있을 것이다. **아마도 수년 내에 애플은 고정비 지출의 해결책으로 하드웨어인 아이폰 자체를 구독하는 서비스를 출시할 것으로 예상한다. 하드웨어와 서비스를 합친 구독서비스 모델이 머지않아 모습을 드러낼 것이다.**

기업의 75%가 구독서비스를 제공할 것이다

····

세계적인 금융회사인 크레딧 스위스(Credit Suisse)는 2020년 전 세계 구독경제 시장을 약 630조 원가량으로 추정하고 있다.

세계 구독경제 시장 규모(단위: 달러)

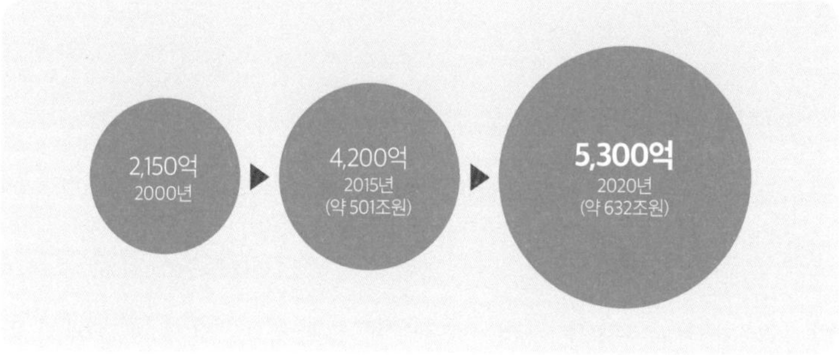

출처 : Credit Suisse

2020년 우리나라의 렌털 시장 규모를 약 40조 원으로 전망하는 보고서도 있다. 구독경제의 일부인 렌털 시장이 약 40조 원이라고 가정했을 때, 우리나라 구독경제 시장은 최소 40조 원보다 훨씬 더 많을 것이다.

그렇다면 이웃 나라 일본은 어떨까? 일본의 야노(Yano)경제연구소에 의하면 일본 구독경제 시장은 2018년도 5,627억 엔을 기록했으며, 18년부터 23년까지의 평균 성장률이 8.9%가 될 것으로 예측하고 있다. 특히 정액제로 단기적인 숙박을 하면서 여러 지역에서 살 수 있는 주거 구독서비스의 경우에는 2018년에 4천만 엔에서 13억 엔으로 약 32배 이상 급성장할 것으로 연구소는 예측하고 있다.

이외에도 전 세계의 다양한 구독경제 관련 지표들이 쏟아지고 있다. **미국의 가트너는 2023년에 전 세계 기업의 75%가 소비자와 직접 연결된 구독서비스를 제공할 것으로 발표했다.**

구독경제라는 용어를 처음 사용한 회사 '주오라'는 자체적으로 '구독경제지수(SEI)'를 산출한다. 구독경제지수에 포함된 기업의 매출액은 2012년부터 2019년 상반기까지 연평균 18.2% 상승했다고 주오라가 발표한 바 있다. 주오라가 발표한 구독서비스 신규가입자의 증가율은 연평균 15.4%를 기록했다. 맥킨지가 2018년에 발표한 구독경제 보고서에 의하면, 구독경제시장은 지난 5년 동안 약 100% 성장했다고 한다.

2019년 나라별 1,000명 이상의 소비자에게 구독서비스를 이용하는지 설문한 조사 결과, 그렇다고 답한 사람은 미국 79%, 중국 78%, 영국 70%, 호주 67%, 프랑스 66%, 독일 61%라고 한다. 그렇다면 우리나라의 구독서비스 이용률은 어느 정도일까? 시장조사 전문기업 엠브레인 트렌드모니터가 SNS를 사용하는 전국 만 15~64세 성인 남녀 1,000명을 대상으로 '구독경제 및 구독서비스 관련 인식'에 관한 조사를 했다. 그 결과, 응답자 중 90.2%가 이미 구독서비스를 1개 이상 이용하고 있는 것으로 답했다.

가장 많이 이용하고 있는 구독서비스는 정수기로 응답자의

75.3%가 사용하고 있었다 (중복응답 가능). 그다음은 음원 서비스 (69.3%)와 TV 유료방송(69.2%), 비데(58.2%), 영상 스트리밍 서비스 (56.6%) 순이었다.

응답자의 77.1%가 구독서비스를 이용하는 이유로 편하고 빠르게 이용할 수 있어 좋다고 답했다. 전체 응답자의 89.9%가 여러 종류의 구독서비스를 이용해보고 싶다고 응답했고, 가장 이용하고 싶은 구독서비스는 영상 스트리밍 서비스(33.0%)와 음원 서비스 (31.5%)였다. 구독서비스 이용 의향이 아예 없다고 답한 응답자는 10.1%에 불과했다.

여러 기관의 조사결과들을 종합해보면 소비자 대부분은 구독서비스를 계속적으로 사용할 의향이 있으며, 구독경제를 사용하는 이유가 편리함, 다양한 경험, 가성비 때문임을 알 수 있다. 처음 구독경제와 ID 경제에 대해서 칼럼을 기고할 때만 해도, 주변에서는 다들 그런 잠시 유행에 불과한 트렌드를 시리즈로 기고하느냐고 말할 정도로 용어조차 낯설어 했다. 그러나 지금은 굴지의 대기업, 유명 스타트업 등 다양한 분야의 기업 관계자들이 구독경제 시대의 비즈니스모델과 전망에 대해서 조언을 듣기 위해 나를 찾아오기도 한다.

이제 우리나라 기업들도 구독경제를 단순히 잠시 지나가는 유행이 아닌 지속 가능한 경제 메가트렌드(Megatrend)로 보고 있다. 우리는 새로운 트렌드에 현명하게 대비해야 한다.

구독이 불러온 유통 전쟁

아마존이 2020년 1월 말에 시가총액 1조 달러를 재돌파했다. 아마존은 2018년도 애플에 이어 시가총액 1조 원을 돌파한 적이 있었다. 이번 아마존의 주가 급등은 2019년 4분기 매출이 어닝서프라이즈(earning surprise)[6]를 기록했기 때문이다. 19년도 4분기 매출이 전년도 동기에 비해 약 21% 상승한 874억 달러를 기록했다. 이번 실적은 미국의 홀리데이 시즌[7] 판매 증가와 더불어 클라우드 서비스·광고 사업 수익 개선이 주효했다.

아마존의 놀라운 성장 배경에 아마존프라임(Amazon Prime)이라

---

6 어닝 서프라이즈(earning surprise) : 기업의 영업 실적이 시장이 예상했던 것보다 높아 주가가 큰 폭으로 상승하는 것을 일컫는 경제용어.

7 홀리데이 시즌(holiday season) : 추수감사절에서 신년초까지의 축제일.

는 구독서비스가 존재한다. 아마존은 아마존프라임을 바탕으로 글로벌 유통 시장의 최강자가 됐다. 아마존프라임이란 월 12.99달러, 연간 119달러만 내면 상품 구매 시 이틀 안에 상품을 배송료 없이 받아볼 수 있는 구독서비스다. 스트리밍 음악, 비디오, 책 등 다양한 혜택을 제공한다.

만년 적자기업 아마존은 아마존프라임과 클라우드 서버 구독서비스인 AWS를 기반으로 화려하게 비상했다. 2004년 아마존프라임이 론칭하면서 본격적인 구독경제 시대가 시작했다.

아마존은 2019년부터 하루 배송서비스 전략 등 빠른 배송에 집중투자했다. 고객들의 주거지와 가까운 곳에 물류창고를 확충해나가면서 배송에 걸리는 시간을 단축해 왔다. 아마존은 2017년 아마존프라임 회원에 대한 무료배송 품목의 규모를 2배로 늘려 약 1억 개의 제품을 무료로 배송하고 있으며, 당일 배송서비스 지역은 미국의 8,000여 개 도시와 타운으로 확대했다.

아마존프라임의 가입자는 무서울 정도로 빠르게 늘었다. 2018년 4월 이후 2년 만에 50%가 증가했으며, 같은 기간 아마존은 아마존프라임의 가입비로만 52억 달러를 벌어들였다. 결국 2020년 아마존은 아마존프라임의 가입자수 1억5,000만 명을 달성했다. 당연히 주가도 급등했다. 2019년 주당 1,600달러였던 아마존의 주가는 아마존프라임 가입자수에 힘입어 2021년 3,200달러로 2배가량 올랐다.

아마존프라임 경제적 혜택은 구독료의 6배?

····

아마존프라임은 2004년 월 7.99달러, 연간 79달러로 서비스를 시작했다. 2018년 아마존은 연회비를 119달러, 월회비를 13달러로 구독료를 약 20% 인상했다. 2018년 당시 아마존프라임 회원비 인상을 발표했을 때, 인상금액이 과도하다는 의견과 혜택에 비해 비싸다는 여론이 있었다.

여론이 과열되고 있을 때 세계적인 금융회사인 JP모건(JP Morgan)은 당시 연회비 119달러로 약 800달러의 혜택을 받을 수 있다는 보고서를 발표했다. JP모건은 무료배송부터 오디오 도서 대여까지 아마존프라임 회원이 누리는 연간 혜택이 784달러로 추산된다고 했다.

JP모건의 보고서에서 이틀 내 무료배송의 가치를 연간 125달러로 추정했고, LA와 뉴욕 등 30개 대도시에서 시행 중인 2시간 내 배송을 약속하는 '프라임나우딜리버리' 서비스의 가치를 180달러로 평가했다. '프라임비디오'의 혜택은 120달러, 스트리밍 방식으로 노래를 들을 수 있는 '프라임뮤직'은 연간 60달러, 사진과 비디오를 저장할 수 있는 '프라임포토'는 24달러의 가치로 계산했다. 또한 매달 한 권의 책을 제공하는 도서 대여서비스는 108달러의 가치가 있으며, 50여 권의 오디오 서적을 들을 수 있는 서비스는 59달러로 평가했다.

실제로 구독서비스는 어떻게 이용하느냐에 따라 경제적 가치가 달라지기 때문에 119달러의 구독료로 약 800달러의 가치를 창출할 수 있는가에 대해서는 논란의 여지가 있을 수 있다. 구독서비스의 가치는 쓰는 사람에 따라 천차만별이다.

JP모건의 보고서를 얼핏보면 아마존이 구독서비스를 하면서 손해를 보고 있는 것이 아니냐고 생각할 수도 있다. 아마존은 구독자를 통해 어떻게 수입을 올릴까? 아마존프라임을 통하여 소비자는 다양한 추가 서비스를 이용해 경제적 이익과 편의성을 얻고, 아마존은 아마존프라임을 통하여 크로스셀링(Cross-Selling) 등의 다양한 판매 전략을 펼친다. 크로스셀링은 고객이 사려는 것과 관련된 상품을 추가로 구매하게 만드는 '교차판매'를 뜻하며, 이를 이용해 추가적인 매출과 수익을 내는 구조다. 아마존은 구독자가 들어오면 추가 제품 또는 서비스를 추천해준다. 무작위로 추천해주는 것이 아니라 고객데이터를 기반으로 하여 고객에게 효용성 있는 제품을 추천해준다. 크로스셀링은 거창하지는 않지만 매우 효율적이다. 예를 들어 햄버거만 먹으러 들어간 매장에서 옆에 있는 음료, 감자튀김, 너겟 등을 추가로 구매한 경험이 있을 것이다.

아마존은 업셀링의 전략도 펼치고 있다. 업셀링은 내가 구매하려는 제품보다 한 단계 좋은 제품을 지속적으로 추천해주는 방식이다. 처음에 계획한 예산보다 조금 더 좋은 제품을 추천해주면 소비자는 결국 최대 예산으로 생각했던 금액을 모두 사용하게 된다. 이해를 돕기위해 다시 햄버거를 예로 들어보자. 햄버거 세트를 주문하려다 금액을 추가해 라지 세트를 구매한 적이 있지 않은가? 그게 바로 업셀링의 기본이다. 물론 아마존 만이 이런 전략을 사용하고 있는 것은 아니다. 두 가지 전략은 이미 다양한 분야에서 쓰이고 있다. 국내의 다른 자료를 보면 크로스셀링이 얼마나 효과적인지 알 수 있다. 국내 편의점인 GS25는 2020년 크로스셀링을 기반으로 한 구독서비스를 실시했다. GS25가 출시한 '더팝플러스'는 매월 구독료를 내면 특정 물품 구매 시 할인 혜택을 주는 구독서비스다. 2020년 말 기준으로 출시 초기와 비교해서 가입하지 않은 고객보다 구독자의 제품 구매 건수는 4배, 사용금액은 3.8배 증가했다고 한다. 즉 구독서비스의 구독자는 일반 소비자보다 제품 구매를 많이 한다는 말이다.

이러한 전략에서 가장 중요한 것은 모객이다. 소비자가 우선 자신들의 제품을 사용하도록 해야 한다. 아마존의 경우 구독서비스인 아마존프라임이 이런 모객의 역할을 하고 있다. 소비자가 119달러로 자신이 많은 이득을 얻고 있다고 생각하게끔 만들고 다양한 방법으로 소비를 이끌어 내는 것이다. 그것도 매달 일정 금액을 받는 구독의 형태로 말이다.

한발 앞서나간 아마존

아마존은 아마존프라임을 통한 유통시장의 성공을 바탕으로 다양한 시장으로 진출했고 음악 스트리밍 서비스 시장에서도 빠른 성장세를 보이고 있다. 아마존은 2020년 초 음악 스트리밍 서비스 아마존뮤직의 이용자가 5,500만 명을 돌파했다고 밝혔다. 세계 1위인 스포티파이(Spotify)와 애플뮤직(Apple Music)에 이어 3위에 이르는 수치다. 2위인 애플뮤직과의 가입자수 차이는 500만 명밖에 나지 않는다. 최근에는 미국, 영국, 독일, 일본 등에서 아마존뮤직 사용자가 50% 이상 급증했다.

아마존 뮤직의 성공에는 다양한 이유가 있다. 우선 아마존프라임 회원과 아마존의 인공지능 스피커인 에코 사용자에게 제공하는 할인 요금제가 있다. 그리고 **음질, 광고 재생 등에 따른 다양한 요금제를 제공하여 개인의 입맛을 맞춘 전략이 구독자 유치를 성공적으로 이끌었다. 소비자에게 맞춤형 상품을 제공하면서 소비자 만족도를 끌어올렸다.**

아마존이 음원 시장에서만 승승장구하고 있는 것이 아니다. 국내에서는 불가능하지만 미국에는 온라인으로 약을 판매하고 있는 기업들이 있다. 최근 코로나19로 인해 의약품의 온라인 유통 시장이 조명을 받고 있다. 아마존도 온라인 의약품 시장에 진입했다. 2020년 아마존약국(Amazon Pharmacy)을 개설해 병원에서 처방한 의약품을 고객에게 배송하는 서비스를 개시했다. 소비자가 의사 처방전을 업로드하면 약을 제조해서 배송해준다. 시중의 약국과는 달리 소비자는 다양한 제약사들의 약을 비교해서 구매할 수 있다. 물론 오남용 등의 우려가 있는 약은 판매하지 않는다.

아마존약국에서는 시중 약국에서 구매할 수 있는 처방 의약품뿐만 아니라 의료보험이 적용되는 다양한 의약품도 취급하고 있다. 의료보험 적용되지 않더라도 아마존프라임 회원이면 제네릭

(Generic) 의약품[8]을 최대 80% 할인받을 수 있다. 브랜드 의약품도 최대 40% 할인받을 수 있다. 우리나라는 전 국민이 의료보험 혜택을 받고 있어 아마존약국이 얼마나 큰 효용을 갖는지 이해가 잘 안 될 것이다. 미국에서는 의료보험 자체가 비싸고 약값도 비싸다. 이런 서민들의 고충을 아마존약국 구독서비스를 통해 줄이고 있다. 여담으로 아마존약국의 프로세스와 비즈니스모델은 국내 도입도 고민해 볼 가치가 있다고 생각한다.

아마존프라임을 기반으로 한 사업의 다각화는 의류 분야에서도 이뤄지고 있다. 2017년부터 아마존은 프라임 회원들에게 '아마존 옷장'이라는 서비스를 도입했다. 약 7개 정도의 옷을 고르면 집으로 배달이 오고, 입어보고 만족스럽지 않으면 반납하는 서비스다. 아마존프라임 회원들은 배송료가 전혀 들지 않으니 마음껏 입고 다시 반납할 수도 있다. 일반적으로 이런 서비스를 하면 할수록 손해가 더 커질 텐데 아마존은 굳이 왜 이런 서비스를 하는 걸까?

이는 데이터를 확보하기 위한 장기적 투자이기 때문이다. 고객이 좋아하는 것과 싫어하는 것을 선택했다면 선호도를 명확하게

---

8 제네릭 의약품(generic medicine) : 오리지널 약품의 특허가 만료됐거나 특허가 만료되기 전이라 할지라도, 물질 특허를 개량하거나 제형을 바꾸는 등 모방하여 만든 의약품을 의미한다.

알 수 있다. A고객은 파란색 옷을 선호하고 중저가의 제품을 좋아한다. B고객은 빨간색 옷을 싫어하고 고가브랜드를 선호한다. 옷 배송료 대신 아마존은 고객 맞춤형 데이터를 얻는 것이다. 아마존은 예전부터 구독경제를 관통하는 핵심 중 하나인 ID를 정확히 인지하고 있다.

당장은 손해가 발생해도 맞춤형 데이터와 쌓아 놓은 노하우를 이용해 더욱 큰 확장의 기회로 만들 수 있다. 실제로 아마존은 이러한 데이터를 바탕으로 남성들을 위하여 스타일링에 맞게 자동으로 옷을 추천하여 주는 퍼스널 쇼퍼 (Personal Shopper) 서비스를 2020년 9월부터 시작했다. 아마존 옷장에서 쌓은 데이터를 기반으로 소비자들에게 맞춤형 서비스를 제공하는 것이다. 당연히 소비자들의 만족도는 올라가고 아마존에 대한 충성심도 같이 올라갈 것이다. 아마존은 '소비자들이 아마존을 이용할 수밖에 없도록'이라는 슬로건을 내걸고 구독서비스를 통해 소비자들을 모으고 있다.

거만했던 월마트

월마트(Walmart)는 설명이 필요 없는 유통업계 세계 최고의 기업이다. 1960년대에 창업하여 수십 개국에서 수많은 직원을 고용하고 있다. 2018년 기준 연매출액이 약 600조 원이 넘는다. 우리나라에도 1990년대 중후반에 들어왔지만 2000년대 중반에 고배를 마시고 철수했다.

아마존이 구독서비스인 아마존프라임을 시작한 2000년대 중반만 하더라도, 월마트 대비 아마존의 매출과 순이익은 10분의 1도 안 되는 수준이었다. 그런 아마존이 2018년 매출액으로는 월마트보다는 약 40% 적지만 더 많은 순이익을 창출했다. 이제는 기업가치로 계산한다면 아마존이 월마트보다 훨씬 높다.

월마트는 저렴한 가격으로 직접 물건을 살 수 있는 것이 자신들의 차별점이라고 생각했는지 구독서비스를 도입하지 않고 있었다. 하지만 유통업계 1위의 월마트도 구독경제 시대라는 큰 파고를 넘을 수 없었다. 결국 2020년에 월마트플러스(Walmart+)라는 구독서비스를 출시했다. 월마트플러스는 아마존프라임의 연간 구독료인 119달러보다는 저렴한 약 98달러로 구독료를 정했다. 구독료 산정에 가격경쟁력을 고려한 것으로 보인다. 월마트가 구독서비스를 도입한 이유는 구독경제 선발주자 아마존의 영향이 크다. 그중에서도 아마존의 무인매장 확대, 신선식품 진출, 저소득층 공략이 월마트에 큰 위협으로 작용했다.

지금까지는 보통 신선식품은 직접 마트에 가서 만져 보고 사고자 하는 경향이 있었다. 월마트의 큰 강점은 신선식품이나 식료품 등을 저렴하게 구매할 수 있다는 점에 있었다. 하지만 월마트가 강점을 가진 분야에도 아마존이 뛰어들면서 월마트는 위기를 느꼈다. 아마존이 유기농 식료품점인 홀푸드(Whole Foods)를 인수하고, 근래에는 무인매장의 대명사가 된 '아마존 고'보다 큰 '아마존 고 그로서리(Amazon Go Grocery)'라는 명칭의 새로운 매장을 열었다. 이 매장은 유기농 과일과 채소, 친환경 사육 소고기 등 수천 개의 상품을 판매한다. 아마존 고와 마찬가지로 계산대 없는 무인매장이면서 크기가 더 커졌다. 또한 상품들이 다양해지고 신선식품까지 판매하고 있다.

이런 아마존의 진화가 월마트 입장에서는 위협으로 느껴졌다. 아마존의 배달 서비스에 대항하기 위해서 월마트도 식료품을 온라인 주문 후 월마트 매장에서 픽업하는 서비스인 월마트 그로서리 픽업(Walmart Grocery Pickup)을 제공했다. 문 앞까지 배달해주는 서비스가 더 편하고 많은 사람이 선호할 것 같지만, 신선식품은 직접 눈으로 확인하고자 하는 소비자들이 많았다. 식품에 문제가 있을 때 다시 반송하는 절차가 번거롭고 귀찮다. 소비자의 불편을 잘 파악한 월마트의 서비스라고 생각된다.

월마트와 아마존의 경쟁은 단순하게 가격이나 편리성만의 일이 아니다. 지금까지 월마트는 저소득층 고객들도 많이 이용하는 곳이었다. 하지만 몇 년 전부터 아마존이 저소득층을 위한 혜택을 제공하면서 두 회사의 갈등은 심해지고 있다. 17년부터 미국 정부의 지원을 받는 저소득층에 대해서는 아마존프라임 구독서비스 요금을 약 45%를 할인해주겠다고 발표했다. 월마트의 영역에 아마존이 선제공격을 가한 셈이다.

결과를 알 수 없는 유통 전쟁

....

아마존의 공격에 전통의 유통 공룡 월마트는 당하고만 있지 않았다. 뒤늦게 나선 월마트의 반격도 매섭다. 2020년 11월 발표 따르면 3분기 실적은 시장의 예상을 뛰어넘었다. 코로나로 인하여 JC페니, 센추리21 등 대형 유통회사들이 줄줄이 파산하고 있는 상황에서도 월마트는 오히려 수익이 증가하고 있다.

내면을 살펴보면 월마트는 뼈를 깎는 체질 개선을 했다. 수익성이 나오지 않는 해외 매장을 정리하고 기존 매장은 온라인과 결합한 옴니버스 채널로 만들었다. 기존 아마존이 하던 무료배송도 역시 제공했다. 월마트 플러스는 매장에서 대기 없이 계산할 수 있는

‘스캔 앤 고’ 결제 서비스를 월마트 플러스 제공 혜택에 포함시켰다. 또한 매장 주차장은 ‘드라이브인 극장’으로 바꿔 매장을 찾는 고객을 배려했다. 오프라인 매장에 차로 방문하는 손님을 위해 매장 인근에 있는 주유소에서 휘발유 5% 할인 혜택도 제공한다.

추후 월마트는 오프라인에서만 할 수 있는 서비스를 제공하는 오프라인 구독서비스의 강자가 될 가능성이 높다. 월마트는 아마존과 달리 미국 전역에 수많은 매장이 있다. 연계할 수 있는 구독서비스의 가짓수가 많다. 미국도 우리나라처럼 마트에 생활센터 같은 것들이 생기는 추세다. 그곳에서 미용실, 키즈카페 등의 서비스와 결합한 구독서비스를 제공한다면 어떨까? 월마트는 아마존이 제공할 수 없는 새로운 가치를 제공할 수 있을 것이다.

또한 월마트의 강점인 전국적 물류센터를 활용해 배송 시간을 줄이면서 아마존과 배송 경쟁을 벌이고 있다. 이러한 월마트의 전략이 어느 정도 먹힌 것인지 성과가 나고 있다. 월마트의 2020년 3분기 매장 내 판매 증가율은 2019년 동기 대비 6.4% 성장했지만, 온라인 배송을 강화한 점포의 성장률은 약 80%에 이른다. 월마트플러스를 출시한 효과가 일정 부분 나타나고 있는 것으로 보인다.

이런 두 거대 유통회사의 경쟁은 미국에서만 일어나고 있는 것이 아니다. 다양한 나라에서 두 기업의 경쟁이 뜨겁다. 세계에서 가장 큰 시장 중 하나인 인도에서 전자상거래 분야 2위 기업은 아마존이다. 월마트도 이에 질세라 인도의 전자상거래 1위 플랫폼인 플립카트의 지분 77%를 160억 달러에 사들였다.

확실히 아마존보다 월마트가 구독경제를 늦게 도입한 탓에 새로운 시대의 유통 경쟁에서 약세인 것은 사실이다. 하지만 아직은 어느 기업이 승자가 될지 속단하기에는 이르다. 하나 확실한 것은 월마트가 이대로 아마존에 속절없이 밀리지만은 않은 것이라는 사실이다. 본격적인 구독경제 시대에 월마트와 아마존 중 누가 최후의 승자가 될지 궁금해진다.

상상력이 부족하다

구독경제가 불러온 유통업계 전쟁은 바다 건너만의 이야기가 아니다. 신세계, 롯데 등 기존 국내 유통업계의 최강자들은 오프라인 시장만으로는 살아남을 수 없음을 인식하고 2020년부터 온라인 쇼핑 시장에 공격적으로 진출하고 있다. 하지만 전자상거래 영역의 기존 강자인 네이버와 쿠팡의 영역을 넘보지 못하고 있다. 이런 경쟁의 핵심 중 하나가 구독경제와 ID 경제를 활용한 멤버십 제도다.

주요 전자상거래 기업들은 구독경제형 유료 멤버십 프로그램을 운영하고 있다. 멤버십에 가입하면 다양한 혜택이 주어진다. 쿠팡의 '로켓와우클럽'은 월 2,900원을 내면 로켓배송 상품을 가격에 상관없이 무료배송해준다. 혜택은 이게 끝이 아니다. 30일 이내 무료 반품, 당일 배송, 로켓배송 상품 할인행사 등 다양한 혜택을 제공한다. 바로 배송에 중점을 둔 전략이다.

네이버는 쿠팡과 다른 노선으로 달리고 있다. 네이버 플러스 멤버십은 월 4,900원으로 제품 구매 시 금액의 최대 5%를 네이버페이 포인트로 적립해준다. 그리고 웹툰, 영화, 디지털 콘텐트 체험팩 중 한 가지 서비스를 제공한다. 적립과 콘텐트 제공에 중점을 두고 있다.

빠른 배송으로 멤버십 회원을 미리 대거 확보한 쿠팡에게 코로나19는 성장의 또 다른 기회였다. 쿠팡은 빠른 배송을 무기로 휘둘렀다. 날카로운 쿠팡의 무기 앞에 전통적인 유통 대기업들은 속수무책이었다. 결국, 쿠팡은 온라인 쇼핑 시장을 압도했다. 하지만 뛰는 쿠팡 앞에는 날개가 달린 기업이 하나 있었다. 전자상거래 결제액 기준으로 1위 기업, 검색의 대명사 네이버다. 그렇다면 빠른 배송의 장점도 오프라인 매장도 없는 네이버가 어떻게 전자상거래 시장 1위가 됐을까?

네이버의 가장 큰 장점은 바로 ID에 있다. 2020년 2월 기준, 네이버 회원 수는 4,200만 명, 네이버페이 월 사용자는 1,000만 명을 넘어섰다. 대한민국 국민 대다수가 네이버 회원인 셈이다. 네이버는 자신들의 영역을 검색에 국한하지 않는다. 메일, 블로그, 동영상 등 다양한 서비스를 제공하고 있다. 네이버가 아닌 다른 사이트에 신규 가입할 때도 네이버 ID로 대신할 수도 있다. 1,000만 명에 달하는 ID로 축적한 빅데이터를 기반으로 네이버는 소비자들에게 맞춤형 서비스를 제공하고 있다. 이뿐만 아니라 구독자들에게 다양한 콘텐트까지 제공하고 있다. 소비자의 만족을 최우선으로 생각한 결과 현재 전자상거래 시장에서 앞서 나가고 있다.

세계의 주요 국가 중에서 구글이 검색엔진 부문 1위를 차지하지 못 한 나라는 얼마 안 된다. 단 세 나라, 한국, 중국 그리고 러시아다. 온라인 쇄국정책을 펼치는 중국의 경우를 논외로 치면 한국과 러시아뿐이다. 러시아의 1위 검색엔진은 얀덱스다. 얀덱스는 나스닥에도 상장되어 있다. 검색뿐만 아니라 모빌리티, 배달, 쇼핑 등의 여러 사업을 영위하는 기업이다. 우리나라로 치면 검색의 네이버, 모빌리티의 카카오, 물류 및 배달의 쿠팡, 배달의 배달의 민족 등 국내 거대 플랫폼 기업들의 사업을 러시아는 얀덱스가 독점하는 것이다. 네이버도 ID 경제를 활용하면 이런 회사로 발전할 수 있는 여지가 분명히 있어 보인다.

네이버와 쿠팡보다 늦게 뛰어든 기존 유통업계의 강자들도 자신들의 강점을 살린 나름의 구독서비스를 제공하고 있지만, 아직까지는 큰 재미를 보지 못하고 있다. 기존 유통 대기업들이 쿠팡처럼 빠른 배송을 할 수는 있겠지만 네이버처럼 온라인에서 다양한 혜택을 주거나 ID 접근성을 강화하기는 현실적으로 어렵다. 그래서 주로 계열사의 혜택들을 묶어 상품을 기획한다. 하지만 그저 묶음 상품의 느낌밖에 들지 않는다. 그나마도 대다수가 소비자들에게 딱히 필요하지 않거나 실용성이 없는 느낌이 든다. 상상력을 발휘하고 외부 협력을 통해 시너지를 낼 수 있는 멤버십 서비스를 개발해야 한다.

롯데, 신세계 등 전통의 유통 대기업들은 기존 전자상거래 기업과 달리 전국에 수많은 매장이 있기 때문에 연계할 수 있는 멤버십 서비스가 무궁무진하다. 백화점의 생활센터, 미용실, 키즈카페, 푸드코트 등 활용할 수 있는 자원이 넘쳐난다. 가지고 있는 것을 적절하게 활용만 해도 충분히 훌륭한 서비스를 창출할 수 있다.

지금 전통적인 유통 기업들이 가장 부족한 것은 상상력이다. 일례로 비슷한 비즈니스모델을 구축했던 미국 월마트를 보자. 앞서 언급한 내용처럼 월마트는 대다수 고객이 자가용으로 매장을 방문하는 것에 착안해 매장 인근 주유소에서 휘발유 5% 할인 혜택을 제공한다. 고객이 필요한 것을 확실하게 인지하고 불편을 해결하기 위해 노력한 것이다. **이처럼 이제는 고객이 니즈를 말하기 전에 먼저 제시할 수 있는 상상력이 필요한 시대다.**

도입만 하면 급등

미국에서는 구독서비스를 하겠다고 발표만 하면 주가가 폭등하는 현상이 나타나고 있다. 월마트가 아마존프라임에 대응하기 위해서 월마트 플러스를 출범하겠다고 2020년 7월에 발표한 뒤, 당일 주가가 약 7% 상승했다. 트위터는 구독경제 관련 채용공고를 냈다. 이를 본 언론에서 트위터가 구독경제에 진출한다는 기사를 냈다. 당일 트위터 주가는 약 7%나 상승했다. 디즈니도 2020년 10월 TV 네트워크와 영화 스튜디오, 소비자 직접판매 서비스 부문을 통합해 미디어 및 엔터테인먼트 배급 부문으로의 운영과 글로벌 유통 사업부 설립을 발표한 뒤 주가가 5.6% 올랐다.

우리나라의 경우, 네이버가 '네이버 플러스 멤버십'을 2020년 6월에 출시했다. 네이버 플러스 멤버십이라는 이름의 이 구독서비스는 다른 전자상거래 사업자들의 것과는 다소 다른 비즈니스모델이다. 우선 구독서비스 멤버십은 쇼핑에 한정돼 있지 않다. 네이버는 본 멤버십에 가입한 이용자들에게 총 5가지의 혜택 중에 4가지를 선택해 이용할 수 있도록 하고 있다. 5가지 혜택 중에는 웹툰, 음악, 영화 등 다양한 선택지가 있다. 네이버 플러스 멤버십 출시 후 네이버 쇼핑에서 월간 20만 원 이하로 구매하는 라이트 이용자의 월평균 결제액은 멤버십 가입 후 209% 폭증했고, 20만 원 이상을 구매하는 헤비 이용자 역시 결제액이 30% 증가했다. 구독서비스 발표만으로 주가가 급상승하는 미국처럼 우리나라도 구독서비스 도입으로 기업 매출과 가치가 급상승하는 시대가 오고 있다.

어설픈 자는 살아남을 수 없는 OTT 구독 시장

30~40대들의 유년 시절 일요일에는 늦잠을 잘 수가 없었다. 항상 눈을 비비며 알람을 들은 것처럼 일어나서 보는 TV 프로그램이 있었다. 바로 일요일 아침에 방영하는 '디즈니 만화동산'이었다. 어릴 적에 이 만화를 보고 아침 겸 점심으로 어머니가 해주신 식빵으로 만든 피자나 짜장라면 같은 특식을 먹는 일요일은 하루 종일 뿌듯하고 행복했던 기억이 있다.

그 당시 디즈니 만화에서는 미키마우스, 구피, 도널드덕을 필두로 수많은 스타 캐릭터들이 탄생했다. 캐릭터뿐만 아니라 배경, 스토리, 노래 등이 완벽하게 어우러져 모든 만화가 하나같이 감동과 재미를 주었다. 그중에서도 만화의 오프닝 음악은 아직까지도 언제 들어도 반갑고 기분이 좋다.

디즈니, 전쟁의 불씨를 지핀다

····

디즈니가 2019년 11월부터 동영상 스트리밍 서비스 디즈니 플러스(Disney+)를 시작한다고 발표했다. 서비스 이용료는 넷플릭스 표준 HD 이용료의 절반 수준인 월 6.99달러로 정하고, 1년 구독료는 69달러로 정했다. 동영상 스트리밍 구독서비스를 본격화하면서 OTT 시장의 세계 1위 넷플릭스 아성에 도전한 것이다.

디즈니는 토이 스토리를 만든 픽사(Pixar), 어벤져스의 제작사 마블(Marvel), 스타워즈로 대표되는 루카스필름(Lucasfilm), 내셔널지오그래픽(National Geographic)까지 보유하고 있는 세계적인 IP 부자 기업이다. 심지어 디즈니는 할리우드의 큰 손 '21세기폭스'를 인수하여, 심슨가족, 엑스맨 등의 IP까지 확보한 전 세계 콘텐트 업계의 절대 강자다. 우리가 좋아하는 미키마우스, 아이언맨, 토르, 다스베이더 등 유명한 캐릭터의 상당수는 디즈니의 캐릭터다.

디즈니 플러스의 수많은 콘텐트 중 구독자들에게 가장 큰 인기를 끄는 것은 스타워즈지만, 스타워즈의 시청자 중 65%가 스타워즈 외에도 10개 이상의 다른 콘텐트를 시청한다는 조사 결과가 있다. 이 역시 다양한 인기 캐릭터를 소유하고 있는 디즈니의 콘텐트 파워를 알 수 있는 부분이다.

다양한 IP의 힘으로 2021년 2월 초 디즈니 플러스 가입자가 9,400만 명을 돌파했다. 19년 11월 디즈니 플러스 서비스 론칭 이후 1년 만에 1억 명에 가까운 가입자를 확보한 것이다. 2020년 2월에 은퇴한 디즈니 CEO인 밥 아이거는 2024년까지 디즈니 플러스 가입자 수 6천~9천만 명을 목표로 한다고 밝힌 바 있다. 목표했던 기간을 앞당겨 1년 만에 목표를 달성했다.

디즈니는 디즈니 플러스 외에도 스포츠 전문 서비스인 ESPN 플러스와 별도의 OTT 서비스인 훌루(Hulu)를 자회사로 보유하고 있다. 2020년 2월 초 훌루의 가입자는 3,600만 명으로 전년보다 33% 증가했으며, ESPN 플러스 가입자도 140만 명에서 1,210만 명으로 증가하는 추세다. 디즈니는 이런 장점을 살려서 디즈니 플러스, 훌루, ESPN 플러스를 모두 합해 월 12.99달러에 제공하는 패키지 상품도 출시했다.

디즈니 플러스만 보면 가입자가 전 세계 2억 명 이상의 유료 가입자를 보유한 넷플릭스의 반도 안 되는 수준이지만, 훌루 등 디즈니 계열 OTT 가입자를 모두 합하면 넷플릭스 가입자의 절반을 훌쩍 넘는 가입자를 확보 중이다. 디즈니는 이미 OTT 절대 강자인 넷플릭스를 위협하고 있다.

이렇게 모든 요소를 다 갖춘 디즈니에게 부족한 것이 있다. 바로 디즈니 고객들의 선호도, 예상구입 제품 등을 확인하고 예측할 정교한 데이터를 확보하지 못하고 있다는 것이다. 디즈니는 콘텐트와 캐릭터 상품을 제공하지만 고객이 어떤 캐릭터를 좋아하는지, 어떤 콘텐트를 보는지 알 수가 없다. 지금까지 디즈니는 콘텐트를 만들어서 넷플릭스나 동영상 플랫폼 등에 팔고 나면 그 이후에 시청자의 피드백을 얻어내기가 어려웠다. 디즈니가 어벤져스의 인형을 판다고 하더라도 마찬가지다. 물건을 사가는 고객의 정보는 판매 창구의 정보로 남기 때문에 디즈니는 알 수가 없다.

구독경제 시대에서 가장 중요한 것은 사이트에 접속하는 개인 ID다. 구독서비스에서는 결국 고객의 니즈를 파악해야 한다. 당연한 순서로 니즈의 알고리즘을 찾기 위해서는 빅데이터가 필요하고, 거대한 데이터의 바닷속에서 개인을 특정하기 위해서는 로그인 ID가 필수다. 디즈니는 자신들의 이러한 약점을 극복하고자 구독서비스를 도입한 것이다. 이제 디즈니의 약점인 ID 경제의 문제는 데이터가 쌓이면서 곧 해결될 것이다.

구독경제 시대 전에는 기업은 그저 콘텐트를 '잘' 만들어 제공하면 그만이었다. 시간을 맞추는 것은 기업이 아닌 독자의 몫이었다. 그 순간을 놓치면 다시는 볼 수 없었던 어린 시절, 추억 가득한 일요일 동심을 깨워주는 디즈니 만화는 우리의 노스탤지어(Nostalgia)였다. 하지만 이제는 시대가 변했다. 콘텐트 제공자가 구독자가 무엇을 원하고 어떤 콘텐트를 좋아하는지 파악해서 제작한 맞춤형 콘텐트를 상시로 제공해야만 기업이 살아남는 시대가 왔다.

구독자 각자에게 맞추어 서비스를 제공해야 하는 ID 경제 시대는 이미 시작했다. 시장의 영역도 점점 커지고 있다. 디즈니는 올해 중 아시아와 동유럽 지역에도 영역을 넓히겠다는 계획을 발표했다. 디즈니는 대한민국의 OTT 시장에도 큰 관심을 보이고 있다. 현재 대한민국에 진출하기 위해서 국내 통신사와 협의 중이라고 한다.

하지만 국내에서 빠른 성장을 할지는 미지수다. 우선 대한민국의 OTT 시장이 이미 충분히 활성화됐다는 점이 문제가 된다. 단기적으로 봤을 때, IP 외의 다른 메리트가 부족하다면 디즈니 영화의 팬을 제외하고는 다른 서비스를 해지하면서까지 디즈니플러스를 가입할 이유가 없다. 물론 장기적인 전망을 두고 봤을 때는 점점 맞춤형 콘텐트를 제공하는 방향으로 진화해 갈 것이기에 결국 넷플릭스와 시장을 양분할 것으로 본다.

최강자의 품격 넷플릭스

····

넷플릭스(Netflix)는 구독경제 시대의 대표 비즈니스모델로 자주

거론되는 회사다. 2020년 말 언론 보도에 따르면, 넷플릭스 유료 가입자 수는 2억 명이 넘는다고 한다. 약 3년 만에 가입자가 2배나 늘어나는 기염을 토했다. 코로나의 여파로 2020년 신규가입자 수는 3,700만 명이나 된다고 한다.

넷플릭스는 최근의 강점은 자체적으로 제작하는 '넷플릭스 오리지널'이다. 넷플릭스 오리지널은 전 세계에서 엄청난 숫자가 제작되고 있다. 우리나라의 경우 봉준호 감독의 <옥자>에 투자하여 넷플릭스로 개봉했고, 조선 시대의 좀비를 다룬 <킹덤>을 시즌2까지 제작해 전 세계적으로 엄청난 인기를 끌었다.

이러한 넷플릭스의 성장 동력 중의 하나가 바로 아시아 시장을 돌파한 것이다. 아시아 OTT 시장은 세계에서 두 번째로 성장이 빠른 시장이다. 그중에서도 넷플릭스는 대한민국의 시장을 아시아에서 가장 매력적인 시장으로 꼽았다. 이유는 단순히 국내에서 넷플릭스를 많이 사용해서만이 아니다. 넷플릭스는 지난 몇 년간 7,700억 원을 들여 대한민국의 콘텐트를 기획하고 아시아 지역에서 배포하는 방식을 사용했다. 결과는 대성공이었다. 베트남·필리핀·대만·태국 등 다양한 아시아 국가에서 대한민국에서 만든 콘텐트에 열광했다.

넷플릭스는 한발 더 나아가 2020년에는 한국 콘텐트 관련 업무를 전적으로 지원하는 '넷플릭스 엔터테인먼트 (주)'를 설립했다. 다양한 국내의 기업과 손을 잡고 콘텐트를 쏟아내고 있다. 이러한 노력의 성과인지 2020년 12월 선보인 한국 오리지널 시리즈 <스위트 홈>은 공개 이후 첫 4주 동안 전 세계 2,200만 명이 시청할 정도로 인기가 높았다. 넷플릭스는 한국시장을 매우 긍정적으로 보고 올해에도 대대적인 투자를 할 예정이라고 한다.

많이 늦은 애플, 특별한 돌파구가 필요하다

애플은 2019년 캘리포니아에서 미디어 행사를 열고 구독서비스 회사로의 진화를 세상에 알렸다. 그것도 한 번에 세 가지 구독서비스를 발표했다는 것은 애플이 얼마나 많은 준비를 해왔고 구독서비스 시장에 대한 기대가 얼마나 큰지 알 수 있다. 그중에는 애플TV+라는 OTT 서비스도 포함돼 있다. 하지만 넷플릭스와 디즈니가 전력투구하는 상황에서 애플이 얼마나 OTT 시장을 점유할지는 미지수다.

우선 세계 OTT 시장에서 일정량을 점유하려면 넷플릭스와의 경쟁에서 살아남아야 한다. 하지만 애플의 무기가 확실히 보이지는 않는다. 디즈니처럼 자신만의 콘텐트 IP가 있어 보이지도 않는다. 그렇다고 해서 넷플릭스처럼 많은 콘텐트와 구독자를 확보하고 있지도 않다. 그래서 애플은 2021년에 독점작을 늘리는 것에 초점을 두고 있다. 21년 영상물등급위원회에 따르면 애플은 다큐멘터리 <Becoming You>, 드라마 <고스트 라이더> <더 모닝 쇼> 등의 오리지널 콘텐트를 준비 중이라고 한다. 이렇게 제작한 오리지널 콘텐트를 우리나라를 포함한 다른 해외 서비스 지역을 대폭 확장해 배급할 예정이다.

하지만 역시 그것만으로는 부족하다. 넷플릭스와 디즈니가 달려가는 속도는 어마어마하다. 만약 애플이 이 속도를 따라잡지 못한다면 향후 5년 안에 OTT 시장은 다양한 맞춤형 콘텐트를 가진 넷플릭스와 오랜 시간 쌓아온 고전의 IP를 가진 디즈니라는 두 거인 외에는 아무도 남지 않은 시장이 될 가능성이 크다.

물론 애플이 다른 두 거대 OTT 기업보다 마냥 불리하기만 한 것은 아니다. 애플에서 출시한 아이폰과 아이패드 등의 디바이스는 현재 전 세계에서 약 16억5,000만대 정도가 풀려 있다고 한다. 이러한 자사의 기기를 사용하는 충성고객들이 애플의 힘이라고 할 수 있다. 구독경제에서 ID가 갖는 힘은 매우 크다. 이 장점을 잘 살려야 애플이 추후 OTT시장에서 생존할 수 있을 것이다.

뉴페이스 도전자의 멸망

····

앞서 알아본 것처럼 전 세계 시가총액 1위에 ID 경제의 대명사인 애플도 살아남기 힘들 정도로 OTT 구독 시장은 난이도가 높은 영역이다. 이런 살벌한 OTT 시장에 도전한 젊은 신인이 미국에 있었다. 바로 '퀴비'다. 퀴비는 드림웍스의 공동 설립자였던 제프리 카젠버그와 휴렛팩커드의 최고경영자(CEO) 출신인 멕 휘트먼이 설립한 스타트업이다. 사업 초반의 분위기는 매우 좋았다. 퀴비는 17억 5,000만 달러의 초기 투자를 유치하며 시장에서 주목받았다.

하지만 기대는 곧 실망으로 바뀌었다. 5~10분짜리 짧은 유료 영상을 앞세운 퀴비는 고작 몇 개월 만에 사업을 접었다. 넷플릭스와 유튜브에 야심 차게 도전했지만 초라한 성적표를 받은 것이다. 많은 투자를 받았음에도 퀴비는 2020년 10월 직원과 주주들에게 보낸 공개서한에서 다음과 같이 공지했다.

"회사의 독자 생존 가능성이 사라져 폐업을 결정한다. 직원 360명은 해고되며, 매각업체를 찾고 있다."

왜 주목받던 스타트업은 연기처럼 사라졌을까? 이에는 다양한 이유가 있다. 퀴비의 사업 모델은 5~10분짜리 짧은 구독 유료 영상이다. 회사에 출퇴근하거나 음식이나 음료를 주문할 때 기다리면서 짧은 시간에 즐길 수 있는 동영상을 제공하는 것이었다. 하지만 고객들은 이미 유튜브 같은 무료 영상에 익숙해져 있었고 설상가상으로 퀴비는 매력적인 콘텐트가 부족했다. 또한 코로나19 여파로 사람들이 밖이 아니라 집에 머무는 시간이 많아지면서 짧은 영상을 굳이 유료 구독할 이유도 사라졌다.

앱 분석업체 센서타워의 조사에 따르면 3개월간의 무료 체험이 끝난 뒤 유료로 전환하자 가입자의 92%가 이탈했다고 한다. 콘텐트 제작자에게 과도한 제작비를 쓴 것도 어려움을 가속시켰다. 매체에 따르면 유명 감독과 배우들과 같이한 퀴비의 콘텐트 제작 비용은 분당 10만 달러로 업계 최고 수준이었다고 한다. 이처럼 시장을 제대로 분석하지 못하고 과도한 지출을 지속해 퀴비는 결국 망한 것이다.

유튜브를 보면 구독서비스의 미래가 보인다?!

• • • •

'구독과 좋아요'라는 단어를 처음 들으면 생각나는 단어가 있을 것이다. 바로 유튜브(YouTube)다. 따로 설명이 필요 없는 전 세계적인 동영상 공유 플랫폼 유튜브는 2019년 광고 매출만 150억 5,000만 달러이고, 해마다 광고 매출은 무섭게 급성장하고 있다. 이 수치에는 유튜브 프리미엄 구독과 같은 비 광고 수익은 포함하지도 않았다. 구글은 유튜브의 비 광고 부문 매출은 공개하지 않는다. 다만 2019년 4분기 유튜브의 비 광고 매출은 약 30억 달러에 이르고, 유료구독서비스 가입자는 2,000만 명이 넘는다는 예측이 있다. 단순히 봐도 유튜브가 구독으로 대표되는 광고와 유료구독서비스로 벌어들이는 금액은 연간 수십조 원 규모라는 것은 쉽게 짐작할 수 있다.

이러한 광고 매출의 가장 큰 아이템은 바로 '조회수'다. 미국의 안드로이드 기기 전문매체 나인투파이브구글(9 to 5 Google)에 의하면 서비스에 업로드된 90%의 동영상이 1,000개 미만의 조회수를 기록하고 있다. 매일 수십억 명의 사람들이 이용하는 유튜브에서 조회수가 1,000번도 안 되는 영상이 대부분이라는 것은 놀라운 사실이다. 유튜브가 폭넓은 가시성을 제공하는 동영상 콘텐트 플랫폼이지만, 유튜브로 유명해지기는 쉽지 않다. 10만 뷰 이상의 조회수를 기록하고 있는 콘텐트는 0.77%에 불과하지만 그들은 전체 시청자의 82.83%를 차지하고 있다. 100만 뷰를 넘긴 콘텐트의 숫자는 0.1%밖에 되지 않는다. 승자 독식 현상이 매우 두드러진다.

유튜브 통계분석 전문 스타트업인 플레이보드에 따르면 2020

년 8월 기준 유튜브에서 광고 수입을 받는 국내 유튜브 채널은 5만 5,847개로 집계됐다. 이 기준은 유튜브 동영상에 광고를 붙일 수 있는 기준인 구독자 수 1,000명과 연간 누적 시청 시간 4,000시간 이상을 충족한 것으로 추정된 채널들이다. 이 가운데 구독자 수 10만 명 이상 채널 3,800여 개의 예상 수입은 8,000만 원으로 집계됐다. 유튜버가 고수익이 가능한 직업으로 주목받으면서 이 시장에 뛰어드는 사람도 기하급수적으로 지속적으로 늘고 있다. 하지만 광고가 붙는 채널은 국내 전체의 6.8%에 불과하다. 구독자 100만 명 이상을 확보해 연간 수입이 수억 원에 달하는 한국 채널 수는 331개 정도로 극히 드물다.

콘텐트의 신뢰자본

····

한국콘텐트진흥원이 발표한 국내 방송업 종사자 수 5만 명이라고 한다. 이 숫자는 우리나라의 유료 유튜버 숫자와 비슷하다. 얼마나 많은 사람들이 유튜브로 수입을 창출하려고 노력하는지 알 수 있다. 2019년 조사에 따르면 초등학생들의 장래 희망 직업을 묻는 설문에서 유튜버가 3위를 차지했을 정도다. 이러다 보니 대학, 사설 학원 등에 유튜브 관련 과정이 생기고 있으며, 짧은 시간에 유튜브로 광고 수익을 올리기 위해 구독자나 조회수를 허위로 늘려주는 업체가 성행하고 있다.

유튜버가 수익을 창출하기는 매우 어렵다. 지금 유튜브 채널을 시작해서, 하룻밤 사이에 많은 구독자를 모으는 것은 꿈에 가깝다. 왜 이렇게 광범위한 동영상 콘텐트 시장에서 성공하는 사람이 적을까? 해답은 신뢰자본에 있다. 유명 연예인이나 셀럽이 단기간에 구독자를 확보한 사례를 주변에서 쉽게 볼 수 있다. 시청자와 그들 사이에 신뢰자본이 이미 쌓여 있는 것이다. 눈에 보이는 가치는 아니지만, 신뢰는 현대 사회에서 중요한 가치다. 특히 정보를 다루는 콘텐트에서는 신뢰자본은 더욱 중요하다.

신뢰자본을 쌓는 것은 어렵지만 무너지는 것은 한순간이다. 2020년 광고 표시를 하지 않고 내 돈으로 물건을 구매한 것처럼 광고한 '뒷 광고' 파동이 유튜브를 강타했다. 소비자는 콘텐트 제공자를 믿고 물건을 구매했었다. 하지만 실체가 밝혀진 후 소비자들의 분노는 하늘을 찔렀다. 구독서비스 제공자는 소비자의 신뢰를 저버리는 순간, 지금까지 이루었던 것들이 모래성처럼 무너질 수 있다. 이러한 공통점은 유튜버나 구독경제 비즈니스모델이나 똑같다. 즉 둘 다 구독자와의 신뢰를 쌓는 시간이 필요하고 한 번 무너지기 시작하면 다시 회복하기란 쉽지 않다.

구독으로 180도 생활의 변화

일본의 야노경제연구소에서 다음과 같은 자료를 발표했다.

"일본 구독경제 시장은 2018년도 5,627억 엔을 기록했으며, 18년부터 23년까지의 평균 성장률이 8.9%가 될 것으로 예상한다. 정액제로 음식이나 커피 등을 구독하는 음식서비스는 2018년에 1억2천만 엔에서 2023년 9억5천만 엔으로 약 8배가량 성장할 것으로 예측한다. 그중에서도 정액제로 단기적인 숙박을 하면서 여러 지역에서 살 수 있는 주거 구독서비스는 2018년에 4천만 엔에서 13억 엔으로 32배 이상 급성장할 것이다."

집도 구독하는 세상

····

일본에서 빈집문제는 심각하다. 2033년에는 전체 가구의 약 30%가 공실이 될 가능성이 높다. 해결방법으로 노마드(Nomad)[9]족의 생활 방식이 주목받고 있다. 일본은 공실과 관련된 사회적 문제를 주거 구독서비스라는 노마드족의 생활 방식에서 착안한 비즈니스모델로 극복하려 하고 있다.

이중 ADDress가 대표적인 주거 구독서비스 기업이다. 이 회사는 일본 각지의 유휴 주택과 별장을 레너베이션(renovation)해서 운용한다. 이후 지방에 이주하고 싶거나 단기적으로 거주 하고 싶은 사람들에게 빌려준다. 구독자들은 ADDress를 통해 '다거점 생활'을 즐긴다. 빈집 문제를 해결함과 동시에 구독자들의 만족도를 끌어올리고 있다.

사용자들은 월정액 4만 엔만 내면 일본 각지에 있는 집에서 단기 거주할 수 있다. 이 구독서비스에는 보증금, 중개사 수수료 등의 초기 비용도 없다. 본인 이외에 1명까지 추가 비용 없이 이용할 수

9 노마드(Nomad) : 디지털 기기를 들고 다니며 시공간의 제약을 받지 않고 자유롭게 사는 사람들로, 제한된 가치와 삶의 방식에 매달리지 않고 끊임없이 자신을 바꾸어 가는 유목민이다.

있다. 구독료에는 전기세 등의 각종 이용료는 물론이고 생활에 필요한 각종 편의성 제품까지도 포함돼 있다. 구독자들은 간단한 옷가지만 챙겨 가면 언제든지 본인이 원하는 곳에서 거주할 수 있다.

주거 구독경제의 발전은 전원생활에도 매우 유익한 경제 트렌드다. 전원생활은 일반적으로 도심과의 거리가 있고 대중교통의 접근성이 떨어지는 곳도 있기 때문에 다양한 제품과 서비스를 받기 어려웠다. 하지만 이제는 스마트폰을 열고 구독만 하면 필요한 물품과 서비스를 정기적으로 받을 수 있다.

앞으로 우리나라에서도 일본처럼 '다거점 생활'을 전국 어디서나 즐길 수 있는 주거 구독서비스 활성화가 될 것이다. 일본의 사례에서 힌트를 얻어 우리나라는 조금 더 진취적으로 정부 차원에서 구독경제를 도입했으면 한다. 선진화된 주거 구독서비스를 만든다면 지방의 공동화 현상 같은 사회적 문제를 해결할 수 있지 않을까.

성주(城主) 라이프(Life)

····

일본은 스가 총리의 취임 후 관광 활성화를 위해 문화재의 프레임을 '보존'에서 '활용'으로 바꾸고 있다. 일본 역시 코로나19로 인한 관광객 감소와 지방의 인구 감소로 인해 고민이 크다 보니 문화재에 새로운 가치를 부여하는 것에 공을 들이고 있다.

이러한 정책의 하나로 일본 관광청에서는 사찰에서 하는 템플스테이(Temple Stay)는 물론이고, 심지어는 성주가 되어 성에서 숙박하는 캐슬스테이(Castle Stay)까지 제공하고 있다. 과거에 지방 영주가 살던 성의 고유한 가치를 유지하면서 최고급 설비를 가진 숙박공간으로 레너베이션해서 제공한다. 숙박객은 성에 입장하는 의전부터 음식에 이르기까지 당시 시절을 그대로 재현한 서비스를 제공받는다. 고객은 하룻밤 동안 실제 성주처럼 지낸다. 일본 관광청은 일본 열도의 성이나 사찰에서 숙박하면서 지역 문화 콘텐트를 같이 제공한다. 관광객들이 지역 문화를 직접 체험할 수 있는 정책들을 펼치고 있다.

물론 반대 목소리도 있다. 이미 유럽에서는 캐슬스테이가 하나의 관광 상품으로 각광받고 있다. 하지만 일본에서는 처음한 시도인 만큼 문화재를 훼손한다는 반대 여론도 많다고 한다.

이런 새로운 시도 외에도 최근 일본에서는 다양한 형태의 주거 구독서비스가 유행하고 있다. 이중 호스텔라이프(Hostel Life)가 주목받고 있다. 호스텔라이프의 구독자들은 플랫폼에 등록된 게스트하우스, 호스텔 그리고 호텔을 구독하는 동안 마음껏 이용할 수 있다.

일본도 우리나라처럼 수도권 주거비용 폭등으로 고통받는 사람들이 많다. 구독자들은 주거와 관련된 고통에서 벗어나고자 패스를 구입한다. 서비스를 이용함으로 생긴 시간과 체력을 자신의 취미나 학습, 그리고 부업 같은 다양한 활동에 투자할 수도 있다. 그런 것들은 다 제쳐두더라도 일단 수도권의 끔찍한 교통체증에서 벗어나기만 해도 얼마나 다행스러운가.

주거 구독서비스는 다른 장점도 많다. 플랫폼이 제공하는 숙박시설의 지역과 형태가 다양하다보니 다거점 생활을 실현할 수도 있다. 예를 들어 한 주는 도쿄에서 지내다가 다음 주는 오사카에서 지내는 식으로 한 곳에만 주거하지 않고 옮겨 다니며 일을 할 수 있다. 여름에는 시원한 지역에서 살고 겨울에는 따듯한 지역에서 사는 로망을 이룰 수도 있다. 개인 물건에 대한 걱정도 없다. 회원들은 옵션요금을 내면 자주 이용하는 지역의 숙박 시설에 짐을 맡겨두고 우편물에 대한 걱정 없이 일과 여행을 즐길 수 있다. 실제로 프리랜서로 활동하는 다양한 직군의 사람들이 이 구독서비스를 이용하고 있다.

물론 아직은 주거 구독서비스가 해결해야 할 문제점은 많다. 우선 한정된 객실에서 구독서비스 이용자를 위한 객실의 수와 일반 이용자를 위한 객실 숫자를 조절하는 것이 쉽지 않다고 한다. 또한 비용적 측면도 어려움이 있다. 주거 구독서비스 제공자는 구독자가 객실을 옮길 것을 대비해 일정 숫자의 객실을 확보해야 한다. 이렇게 되면 당연히 유휴 객실이 늘어나게 되고 이를 해결하기 위해 구독서비스의 비용이 늘어나게 된다. 이러한 문제점들은 앞으로 주거 구독서비스 기업들이 풀어나가야 할 숙제다.

비행기로 출퇴근하는 세상

우리나라 항공사업자는 크게 FSC(Full Service Carrier)항공사와 LCC(Low Cost Carrier)항공사로 분류할 수 있다. 보통 우리나라에서는 LCC를 '저가항공'이라고 부른다. 국내 FSC 항공사업자로는 대한항공이 있으며 LCC항공사로는 티웨이, 이스타항공 등이 있다. 최근 대한항공과 아시아나항공의 합병으로 자회사인 진에어와 에어서울이 합치면서 거대 LCC항공사도 등장하고 있다. LCC 항공의 등장으로 항공시장의 경쟁이 날로 치열해지고 있다. 게다가 항공업은 코로나로 인해 가장 많은 피해를 입었다. 이런 막막한 상황에서 활로를 찾아야 한다. 항공사들은 새로운 비즈니스모델에 대한 고민이 깊을 수밖에 없다.

이런 불황 속에서 구독 모델이 하나의 해결책이 될 수 있다. 미국의 주요 항공사들은 예전부터 구독서비스를 도입하고 있다. 미국의 델타(Delta)항공은 음료 쿠폰, 우선 탑승 등의 제공하는 구독서비스인 '스카이 마일 실렉트'를 1인당 59달러에 시행했다. 아예 무제한 비행을 구독하는 회사도 있다. 바로 미국의 서프에어(SURFAIR)다. 2013년에 설립된 서프에어는 일정한 금액을 지불하면 무제한 비행기를 이용할 수 있는 구독서비스를 몇 년 전부터 제공하고 있다.

출처: 서프에어 홈페이지

외국에서만 비행기 탑승 구독서비스를 하는 것은 아니다. 에어서울이 2019년 6월부터 50일간 약 30만 원에 일본 구간을 무제한 탑승할 수 있는 구독서비스를 출시한 적이 있었다. 당시는 엔화 가치 상승과 한일관계 경색을 이유로 일본에 방문하는 한국인이 줄고 있는 상황이었다. 단 한 명의 고객이라도 모으겠다는 항공사의 의지로 보인다. 양국의 갈등으로 항공사의 운영 노선이 경직됐고 이는 자연스레 특가 경쟁으로 이어졌다. 이런 상황에서 에어서울의 항공권 구독서비스 시도는 신선하고 산뜻해 보인다.

보통 상품들은 제품의 유통기한이 가까워지면 가격이 내려간다. 항공권은 반대로 비행기 이륙 시간이 가까워질수록 가격이 올라가는 특징이 있다. 그래서 대부분 최소 한 달 전에 비행기표를 구매하는 것이 일상이 됐다. 물론 사업차 외국을 가는 경우라면 대부분 갑작스럽게 떠나는 경우가 많기에 비싼 가격을 주고 비행기를 탄다. 하지만 비행기 구독서비스를 이용한다면 금액에 대해서 고민하지 않고 개인 전용기처럼 편리하게 비행기를 이용할 수 있다. 그뿐만 아니라 경제적이라는 장점이 있다. 이런 서비스는 출장이 잦은 기업들 입장에서 정말 매력적인 구독서비스 상품이다.

하지만 비행기 구독서비스의 이 정도가 끝일까? 비행기 구독서비스 모델은 출장이 아닌 일상 출·퇴근길에도 존재한다. 미국의 플로트(FLOAT)는 교통체증이 가장 심한 지역 중 하나로 꼽히는 캘리포니아주에서 비행기를 타고 출·퇴근하는 에어택시(Air Taxi) 구독서비스를 출시했다. 플로트의 에어택시 서비스를 이용하면 교통체증이 심한 시간대에 차량으로 이동하면 2시간이 넘게 걸리는 구간을 비행기를 이용해서 20분이면 주파할 수 있다. 에어택시 서비스는 1주일에 월~금요일 통근하는 기준으로 월 구독료가 1,250달러 정도다. 물가가 비싼 캘리포니아주에서 우버나 택시를 매일 이용하는 금액과 절약되는 시간을 생각하면 많이 비싼 편은 아니라고 한다. 벌써 미국에서는 항공택시의 구독서비스가 상용화되는 단계에 이른 것이다.

2020 우주의 원더키디

2020년이 되면서 가장 많이 회자 됐던 애니메이션이 바로 <2020년 우주의 원더키디>이다. 1989년에 방영된 이 만화를 보면 다들 날아다니는 자동차를 타고 우주여행도 마음대로 다닌다. 그때만 하더라도 2020년이 오면 정말 상상하기도 어려운 새로운 세상이 올 줄 알았다. 하지만 그 2020년이 찾아왔건만 하늘을 아무리 보아도 날아다니는 자동차는 보이지 않는다. '2020 원더키디'는 현실화되지 못했다.

그렇다고 사람들이 하늘을 나는 자동차를 포기했을까? 아니다. 국내에서도 여러 기업이 개인용 비행체를 상용화하겠다는 계획을 발표하고 있다. 국내 모빌리티 분야에서 선두자인 현대차는 2028년에 개인용 비행체를 상용화하겠다는 계획을 발표했다. 미국 소비자기술협회에서 주관하는 세계 최대 규모의 ICT 융합 전시회인 CES에서 현대차는 2020년 처음으로 개인용 비행체, 즉 PAV(Personal Air Vehicle)를 선보였다. S-A1으로 명명된 이 비행체는 모빌리티 공유기업인 우버와의 협업으로 만들어졌다. 현대가 발표한 S-A1은 활주로가 없어도 도심 내에서 이동 가능한 PAV라고 한다. 조종사를 포함해 5명이 탑승할 수 있으며, 이착륙을 돕는 프로펠러 하나가 고장나도 문제없이 이착륙할 수 있는 안전장치도 마련돼 있다고 한다.

여기서 중요한 것은 현대차가 기존의 모빌리티 제작사와 협업한 것이 아니라 우버와 협업을 맺었다는 점이다. 우버는 공유경제의 전성기를 선도한 기업이다. 그만큼 공유경제와 구독경제에 관해 빠삭한 아이디어를 가지고 있다. 앞으로 현대차가 만든 PAV는 소비자들에게 구독서비스로 제공할 여지가 충분하다. 이미 우버의 에어택시 사업 추진 조직인 우버 엘리베이트(Uber Elevate)와도 협업을 추진하고 있다고 한다.

국내에서 현대차만이 에어택시를 추진하고 있는 것은 아니다.

국내에서 손꼽히는 방산기업인 한화시스템 역시 에어택시 개발을 발표했다. 한화시스템의 경우는 PAV 선도기업인 LA 오버에어와 협업을 하게 된다. 두 회사는 서로의 지분을 공유하고 인적, 물적 지원을 아끼지 않겠다고 발표했다. 아직 현대차처럼 실물 모델을 내놓은 것은 아니지만 현대차의 S-A1과 비슷한 구동방식이라고 한다.

SKT도 이에 질세라 PAV를 제작하겠다고 발표했다. SKT는 자회사 티맵모빌리티를 설립하겠다는 계획이다. 또 티맵모빌리티는 우버와 협작을 한다고 한다. 일각에서는 현대차와 우버 그리고 티맵의 연대가 이뤄지는 것이 아니냐는 의견도 나오고 있다. 티맵은 우리가 흔히 알고 있는 내비게이션을 제공하는 회사다. 티맵은 사업을 다각화해서 내비게이션뿐만 아니라 차량 내 결제 같은 미래 완성차의 내부에 들어가는 소프트웨어 서비스를 구독형으로 제공하겠다고 발표했다.

모빌리티 구독경제

····

구독경제와 모빌리티는 서로 뗄 수 없는 분야다. 국내 모빌리티 선도기업인 현대차는 모빌리티 중심으로 사업을 재편하고 구독서비스 회사로 진화를 모색하고 있다. 현대차는 2019년 월 일정 금액을 내면 차량을 골라 탈 수 있는 자동차 구독 서비스인 '제네시스 스펙트럼'과 '현대셀렉션'을 시장에 출시했다. 현대셀렉션은 한 달에 100만 원 미만의 금액으로 2~7종의 차를 선택해서 이용할 수 있다. 해외에서도 모빌리티 구독서비스 경쟁은 치열하다. BMW, 벤츠, 볼보, 포르쉐, 포드 등의 대부분의 메이저 자동차 회사들은 이미 모빌리티 구독서비스를 출시했다.

2020년 코로나 여파도 영향을 끼치고 있다. 사람들은 두려운 마음에 대중교통을 타고 하는 이용한 출·퇴근을 꺼리기 시작했다. 그렇다고 자동차를 바로 구매하기는 부담스러운 일이다. 자연스럽게 사람들이 자동차 구독서비스를 애용하기 시작했다. 현대셀렉션의 앱 다운로드 수는 전년 대비 약 13배 증가했으며, 하루 신규 가입 회원 수는 18배가량 늘었다. 기세를 몰아 현대자동차는 택시, 전동킥보드, 주차장, 드라이브 스루 등으로 자사의 구독서비스 영역을 확대할 계획을 갖고 있다고 밝혔다.

해외의 글로벌 기업뿐만 아니라 국내의 대기업들까지 모빌리티 시장에 뛰어들면서 모빌리티 시장은 새로운 국면에 들어서고 있다. 이제는 지상의 교통수단이 아닌 하늘의 교통수단이 모빌리티 시장을 지배할 것이다. 어쩌면 2040년에는 지구를 넘어 우주가 모빌리티 구독서비스 시장의 영역이 될 수도 있다.

이처럼 자율주행차, 드론 등의 라스트 마일 딜리버리(last mile delivery)[10]의 발전은 사람들의 생활을 변화시킨다. 다양한 모빌리티의 발전으로 이동에 사용되는 비용이 줄어들고, 비용의 감소는 자연스레 사람들의 거리개념을 넓힌다. 거리개념이 확장되면 같은 비용으로도 넓은 면적의 유통을 해결할 수 있다. 이는 오프라인 구독서비스의 영역이 점차 넓어진다는 말이다. 당연히 구독서비스의 편리성이 증가하고, 이용자의 수는 점차 늘어날 것이다.

물론 이런 파생 효과뿐만 아니라 모빌리티를 직접 구독하는 시장도 영역을 넓히고 있다. 이렇듯 미래 모빌리티 시장이 다양한 방향으로 발전하는 와중에 모빌리티를 제공하는 비즈니스모델로 구독형 비즈니스모델이 주목받고 있다. 앞으로는 테슬라처럼 구독서비스를 적용한 모빌리티 기업들이 많아질 것이다. 다양한 방면으로 모빌리티의 발전과 구독경제는 서로 뗄 수 없는 긴밀한 관계다.

---

10 라스트 마일 딜리버리(Last Mile Delivery) : 주문한 물품이 배송지를 떠나 고객에게 직접 배송되기 바로 직전의 마지막 거리. 유통에서 가장 많은 비용이 드는 부분이다.

구독 미션임파서블 (Mission: Impossible)

코로나 이전만 하더라도 경복궁이나 인사동에는 정말 다양하고 멋스러운 한복의 물결이 일었다. 많은 외국인이 한복을 입고 인증샷을 찍느라 분주했다. 비단 외국인뿐만 아니라 우리나라 젊은 이들도 많았다.

'미션:임파서블(Mission: Impossible)'시리즈로 유명한 톰크루즈(Tom Cruise)를 몇 년 전에 만날 기회가 있었다. 한복을 입고 미팅 장소로 갔는데 톰 크루즈의 첫인사는 '판타스틱! (fantastic)'이었다. 입고 간 한복이 환상적이라고 칭찬했다. 글로벌 스타도 인정한 아름다운 옷이 바로 우리의 한복인 것이다.

한복 구독서비스 과연 가능할까?

····

2016년 SK플래닛 조사에 따르면 한복을 입고 싶은 순간에 대한 질문에 26.1%가 명절을 꼽았다. 하지만 요즘은 명절에도 길거리에서 한복을 거의 보지 못한다. 요즘에는 명절에도 한복을 잘 입지 않는 분위기다. 취준생이나 결혼 적령기의 사람이라면 한복을 입고 왔을 때 친척들로부터 좋은 일이 생겼냐는 폭풍 같은 질문 세례를 받아야 할지도 모른다.

이런 현상 때문인지 통계청에 따르면 2005년 한복 제조업체 수는 4,506개에서 2014년 3,054개로 32.2% 감소했으며, 종사자 수도 6,262명에서 4,478명으로 28.5% 줄었다고 한다. 아쉽게도 한복은 트렌드가 아닌 유행으로 끝났는지, '한복' 키워드 검색량은 2016년 이후 꾸준히 하락세를 타고 있다.

만약 한복이란 아이템으로 만든 구독서비스가 성공했다면 어떨까? 어쩌면 세계인의 입에서 톰 크루즈가 그랬던 것처럼 판타스틱이란 탄성이 터져 나왔을 수도 있지 않았을까?

외국인들에게 한복이 인기가 많아서 한복을 대여해주는 업체는 다수 존재한다. 하지만 아쉽게도 한복을 구독서비스로 제공하는 기업은 아직 없는 듯하다. 한류가 세계를 강타하는 지금 우리의 옷인 한복은 세계화가 불가능할까? 한복 구독서비스는 정말 비즈니스모델이 될 수 없는 것일까? 이유를 생각해보면 한복을 명절이나 결혼식 때 입는 옷 정도로 생각하는 경향 때문이라고 본다. 현재는 고객의 재방문율이 높지 않다는 것이다. 그렇기 때문에 한복의 구독서비스를 제공하려고 해도 지속적으로 구독하는 고객이나 기업을 찾지 못해서 선뜻 시작하기는 문제가 있어 보인다. 시장이 보이지 않으니 구독서비스를 제공하는 기업이 없는 것이다.

그렇다면 과연 시장이 없는 것일까? 우리나라를 찾아오는 외국인 방문객들의 상당수는 한복을 입고 관광지를 방문한다. 그들 대부분은 비행기를 타고 우리나라에 왔을 것이다. 그렇다면 우리나라 항공사들이 항공 티켓 판매 시 한복 대여서비스를 옵션 및 패키지로 판매하는 비즈니스모델이 있다면 반응이 괜찮지 않을까?

구독에 한계란 없다

····

한복의 경우만이 아니다. 예를 들어 각 나라의 고유 의복 체험을 상품화하여 글로벌 패키지 서비스도 기획할 수 있을 것이다. 이러한 의복 체험이 단순히 한 나라의 경우로 국한되지 않고 다양한 나라를 관통한다면, 그때가 바로 국제적 전통 의상 구독서비스가 탄생하는 순간이다.

항공사에서 직접 한복 대여서비스를 해도 된다. 하지만 항공사가 모든 제품의 서비스를 직적 손님에게 제공할 수는 없다. 다른 기업과 협업을 통해 비즈니스모델을 창출할 수도 있을 것이다. 그렇게 새로운 한복 구독 시장이 열리면 일자리 창출은 물론 대기업과 스타트업 사이의 혁신적 동반 성장 사례가 될 수도 있을 것이다. 이와 관련하여 새로운 플랫폼 서비스를 창출할 수도 있다. 예를 들면 외국인들이 한국에 와서 찍은 여러 한복 사진들을 공유할 수 있는 커뮤니티를 만들어 서로의 경험을 공유하게 된다면 항공사는 자연스럽게 여행 플랫폼까지 얻을 수도 있다.

전 세계 각국의 고유한 옷을 입고, 소중한 사람들과 찍은 행복한 추억과 경험을 공유하는 플랫폼은 고객과 함께 추억을 만들어가면서 지속 성장할 수 있을 것이다. 항공사는 고객들에게 특별한 서비스와 경험을 제공하고 구독자들은 자신만의 차별화된 여행 다이어리가 생기는 것이다. 여기서 끝이 아니다. 플랫폼의 빅데이터와 AI 분석을 통하여 고객이 선호할만한 여행지를 미리 추천하거나 그 여행지와 관련된 정보도 제공해줄 수 있다.

이처럼 구독서비스 비즈니스모델의 아이디어는 사소한 것에서 시작한다. 주변에 존재하는 작은 제품과 서비스를 다양한 방향으로 고민하다보면 구독서비스 모델이 만들어진다. 일본에는 이와 비슷한 방향으로 발전한 구독서비스 비즈니스모델이 있다. 여행을 떠나기 전 가장 부담스러운 짐을 뭘까? 바로 옷이다. 여행가방을 열어보면 대부분 속옷, 잠옷 같은 각종 옷이 절반 이상을 차지한다. 특히나 추운 나라에서 입는 점퍼나 패딩은 하나만 챙겨도 캐리어에 공간이 모자라기 마련이다. 이런 불편을 해결하기 위한 구독서비스를 일본을 대표하는 항공사인 전일본공수(All Nippon Airways) 홀딩스 산하 여행회사 'ANA세일즈'가 2019년에 시작했다.

사전에 ANA세일즈의 '구독렌털서비스'를 신청하면 숙박 장소에서 의류를 비롯한 여행용품을 받아볼 수 있다. 가벼운 마음과 몸으로 여행을 편하게 시작할 수 있다. ANA세일즈가 시작한 이 여행 구독서비스 사업은 의류뿐만 아니라 액세서리류, 미용 기구, 그리고 카메라까지도 구독서비스를 통해 렌트가 가능하다. 비슷한 생각을 하는 사람이 미국에도 있었다. 미국의 의류 구독서비스의 넷플릭스라고 불리는 렌트더런웨이(Rent the Runway)는 W호텔과 콜라보해서 옷을 챙기지 않아도 여행할 수 있는 서비스를 제공하고 있다.

사소한 아이디어에서 시작한 구독서비스는 의류 외에도 많다.

미국에는 샴푸와 드라이만을 위해서 미용실을 가는 문화가 존재한다. 몇 년 전부터 파티와 데이트에 가기 전에 간단히 들리는 헤어드라이 전문점들이 등장하고 있다. 그중에서도 드라이 전문점 드라이바(Drybar)가 인기다. 프랜차이즈 드라이 전문점 드라이바는 구독권을 구입하면 미국 어디 지점에서든 동일한 서비스를 받을 수 있다. 이런 구독서비스를 등에 업고 오픈한 지 몇 년 만에 미국 전역으로 확산되고 있다.

일본에서도 이런 상품을 미용실 구독서비스 비즈니스모델이 활발하게 시행되고 있다. 집보다는 미용실에서 머리를 감는 여성들이 의외로 많다고 한다. 머리가 긴 여성 고객들은 집에서 머리를 세팅하기 어렵기 때문에 미용실을 자주 찾는다고 한다. 그리고 육아와 일을 병행하는 워킹맘의 경우 미용실 구독서비스를 이용해 온전한 자신만의 시간을 갖는다고 한다. 중요한 고객과의 미팅 전에 들러 전문적인 인상을 줄 수 있는 헤어 스타일로 세팅할 수도 있다. 대표적인 구독서비스 회사로는 mezon이 있으며 현재 도쿄를 중심으로 약 800개의 미용실이 등록돼 있다.

이처럼 구독서비스는 사실상 모든 분야에서 다 가능하다. 대기업이 강점인 분야가 있고 스타트업만이 할 수 있는 분야가 있다. 대기업과 중소기업이 같이 서로 협력하면서 동반 성장할 수 있는 비즈니스모델도 분명히 있다. 위의 예시들만 봐도 수많은 분야의 산업군이 엮여있다. 이렇듯 구독서비스의 한계는 없다. 구독경제는 단순히 렌털(Rental)사업이 아니라 여러 분야가 서로 콜라보(Collaboration)를 통하여 새로운 비즈니스 생태계를 만들어 갈 수 있는 경제모델이다.

구독경제 비즈니스모델은 Mission: Impossible이 아니다. '아이디어'라는 따옴표 하나를 더해 Mission: I'm possible이 될 수 있는 무궁무진한 시장이다.

구독경제를 만나면 나스닥 상장?

····

코로나의 창궐로 피트니스센터가 휴업을 하면서 미국에서는 홈피트니스 구독 시장이 활기를 띠고 있다. 예전부터 피트니스는 대표적인 구독서비스 모델이었다. 대부분 피트니스센터가 구독형 모델을 도입하고 있다. 최근에는 오프라인의 피트니스센터가 온라인으로 시장을 확장하고 있다. 고객들은 헬스장에 가지 않고, 자신의 집이나 공간에서 원할 때 원하는 방식으로 운동을 할 수 있다. 집에서 러닝 머신을 뛰거나 운동 비디오를 구독해 온라인 수업을 듣는다. 일대일 원격 코칭을 받을 수도 있다. 일명 홈트레이닝의 전성시대다.

이런 피트니스 구독 분야에서 미국의 펠로톤(Peloton)이라는 업체가 가장 유명하다. 이 회사는 월 구독료로 자전거와 러닝 머신 관련 콘텐트 라이브러리를 무제한으로 볼 수 있다. 22인치 TV가 장착된 자전거를 팔기도 하지만, 자전거를 구매하지 않고 관련 콘텐트만을 구독할 수도 있다. 펠로톤은 양방향 소통형의 스트리밍을 통해서 다 같이 운동하는 느낌을 주기도 하며, 수천 개의 운동 프로그램을 보면서 운동의 방향성을 정하는 것을 도와준다. 2019년 6월까지 약 58만개의 관련 제품들을 판매했고, 140만 명의 구독자가 있다고 한다. 실내 피트니스 구독서비스의 인기에 힘입어 2019년에 나스닥에도 상장했다. 펠로톤의 주가는 코로나19 이전보다 10배 넘게 폭등했다.

여담으로 펠로톤과 관련된 최근의 재밌는 일화도 있다. 조 바이든 미국 대통령이 백악관 입성을 위해 이삿짐을 싸면서 가져가지 못한 물건이 있다. 바로 펠로톤의 실내 자전거다. 조 바이든 대통령이 백악관에 펠로톤 자전거를 가져가지 못한 이유는 보안 때문이다. 펠로톤 자전거엔 사용자들끼리 소통 가능한 카메라와 마이크가 내장된 터치스크린이 부착돼 있다. 이 카메라와 마이크를 통한 보안

노출의 우려로 인해 백악관에 가져가지 못했다. 이런 재미있는 에피소드는 우리에게 한 가지 시사점을 준다. 바로 양방향 소통 구독서비스의 보안 문제다. 현대 사회에서 개인정보란 매우 민감하고 중요한 영역이다. 구독경제에서도 ID로 통용되는 개인정보가 매우 중요한 만큼 앞으로 구독서비스의 보안에 대한 다양한 법과 정책도 한 번쯤 고민해야 한다.

고전의 변신

170여 년 역사를 자랑하는 뉴욕타임스(NYT)가 창사 이래 처음으로 디지털 매출이 종이신문을 앞질렀다. 2011년 뉴욕타임스가 디지털 콘텐트에 대한 유료 구독서비스를 시작한 지 9년 만이다. 뉴욕타임스는 2020년 8월에 디지털 구독과 광고 매출을 합쳐 1억8,550만 달러를 기록하며, 인쇄 신문 구독과 광고에서 거둔 1억7,540만 달러를 넘겼다고 밝혔다. 뉴욕타임스는 점차적으로 온라인 구독 분야를 넓혀갈 계획이라고 한다. 회사는 2025년까지 유료 구독자 1,000만 명을 목표로 세웠다. 이러한 노력의 힘인지 2020년 2분기 신규 디지털 구독가입자는 약 67만 명을 기록했다.

온라인 구독은 팬데믹 상황에서 뉴욕타임스를 뒷받침하는 힘으로 작용하고 있다. 코로나 이전 대비 전체 광고 매출이 크게 하락한 대신에 디지털 구독 매출이 증가한 모습을 띠고 있다. 오프라인 신문 가판대의 판매 감소했지만, 전체 구독료 관련 매출은 전년 대비 8.4% 증가했고, 디지털 전용 매출이 29.6% 증가했다.

구독경제의 고전인 신문도 계속해서 새로운 변화를 하고 있다. 우리가 예전부터 일상적으로 다니던 미용실, 헬스장도 구독서비스를 통해서 새로운 비즈니스모델로 변하고 있다. 길지 않은 역사를 가진 펠로톤이 온라인 피트니스 콘텐트 구독서비스로 나스닥에 상장될 정도니 그 변화의 파고는 짐작조차 불가능하다. 꼭 새로운 아이템이 아니더라도 기존의 비즈니스모델도 얼마든지 새롭게 구독서비스를 통해서 새로운 비즈니스모델로 재탄생할 수 있다. 변화의 바람은 이제 막 불기 시작했다. 앞으로는 기존의 많은 것들이 구독경제의 영향력 아래 새로운 형태로 사람들 앞에 나타날 것이다.

다양한 대한민국 구독서비스

우리나라에도 다양한 구독서비스가 있다. 구독서비스의 종류가 워낙 많아 크게 임의로 라이프스타일(Lifestyle), 식음료(Food), 콘텐트(Content), 뉴스레터(Newsletter), 구독을 위한 구독서비스 (Service for Subscription)로 나눠 보았다. 물론 뉴스레터는 큰 범주에서 보면 콘텐트에 속할 수 있지만, 콘텐트 자체를 구독하는 방법을 뉴스레터라는 형식을 많이 활용하고 있고, 요즘 가장 크게 성장하는 구독서비스 시장이기 때문에 뉴스레터는 따로 분류했다.

국내 구독서비스 모음

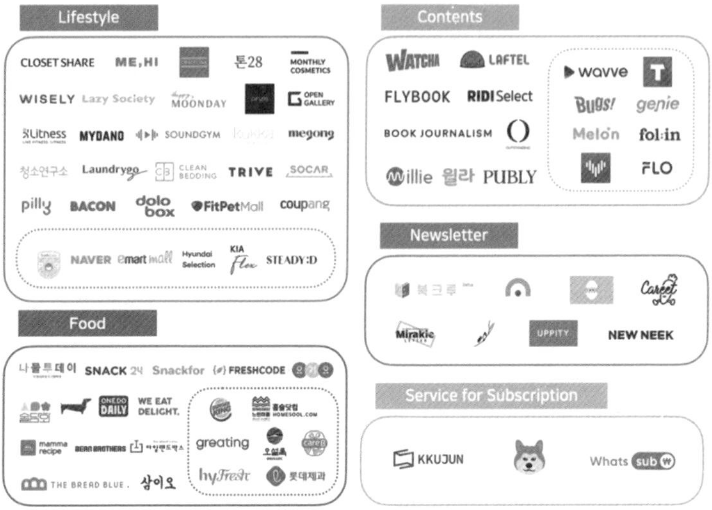

출처 : 날갱닷컴

라이프스타일(Lifestyle)

• • • •

자료만 봐도 우리나라의 라이프스타일 관련 구독서비스는 매우 다양함을 알 수 있다. 대부분은 가정과 사무실 관련 물품 및 서비스가 많고, 배송 위주의 상품이 많다. 물론 아쉽게도 다양한 라이프스타일을 반영하거나 외국처럼 고령자 혹은 집과 관련된 구독서비스는 아직 많지 않다.

외국에는 패션처럼 가구도 자주 바꾸는 '패스트 퍼니처(fast furniture)'라는 라이프 트렌드도 있다. 자연스레 가구 구독이 유행하고 있다. 가구 구독은 월 단위로 정해진 금액을 내고 정해진 기간 이용하다가 반납 후 다른 가구를 사용하는 방식이다. 마음에 들면 계속해서 사용해도 좋다. 지난 2017년 미국 뉴욕에서 설립된 '페더'가 가장 유명하며 다양한 가구 구독 스타트업들이 시장에 등장하고 있다. 이중 '카사원'은 2019년 매출이 전년도 대비 7배 증가하면서 1,600만 달러의 투자를 유치했다고 한다. 코로나19로 인한 언택트 경제의 활성화도 가구 구독 업체에는 호재로 작용하고 있다고 한다. 사람들이 집에 머무는 시간이 증가하면서 인테리어에 대한 관심이 높아지고 있다. 새로운 가구를 사는 것이 부담스러워 구독서비스를 이용하는 경우가 많다고 한다. 미국의 홈오피스용 가구 구독 업체인 '퍼니시'는 2020년 3월부터 주문량이 300% 늘었다고 한다.

가구 구독서비스의 주요 고객은 임대료가 비싼 대도시에서 사는 사람들이라고 한다. 그중에서도 구매력이 낮아 이사를 자주 하는 젊은 층이 주로 이용한다. 미국의 시장조사 업체 페더의 조사에 따르면 뉴욕 사람들은 평균 1.6년마다 집을 옮긴다고 한다. 이사를 할 때마다 새로운 가구를 사려면 비용이 많이 든다. 또한 큰 가구들을 옮기는 데 드는 비용도 만만치 않다. 막상 옮긴다 해도 새로 이

사간 집과 어울리지 않으면 기분도 상한다. 이런 고객의 고충을 해결해주는 것이 가구 구독서비스다.

이러한 트렌드에 발맞춰 국내에도 가구 구독업체들이 속속 등장하고 있다. 국내의 대형 가구 업체인 한샘은 카카오톡과 손을 잡고 구독서비스를 2021년부터 제공하고 있다. 한샘의 구독서비스는 현재 매트리스만을 제공하고 있지만 점차 침대, 쇼파 등으로 영역을 넓혀갈 예정이라고 한다. 접근성도 매우 편리하다. 약 4,500만 명에 사용자들을 보유한 카카오톡을 활용해 모바일로 간편하게 원하는 상품의 정보와 구독을 할 수 있다.

식음료(Food)

····

식음료 구독서비스는 현재 다양한 종류의 서비스가 존재한다. 막걸리, 와인과 같은 술 종류도 있고, 제철 나물, 차(茶), 비건용 빵 같은 특색 있는 구독서비스들도 있다.

식음료의 경우 큐레이션(Curation)[11] 구독서비스 모델이 앞으로 인

11 큐레이션 서비스(Curation Service) : 개인의 취향을 분석해 적절한 콘텐트를 추천해주는 것으로 마케팅이나 엔터테인먼트 분야에서 각광 받고 있다.

기가 많을 것이다. 식품 종류나 농산물 재배 시기 등을 잘 아는 생산자가 직접 식품을 선정해 정기적으로 보내주면 물건에 대한 품질이 보증된다는 점이 매력적이다. 큐레이션 서비스의 다른 장점은 고민을 줄여주는 것이다. 매일 식사 메뉴를 고민하고 장을 보는 것은 번거롭다. 소비자들은 구독서비스를 사용해 번거로움을 줄일 수 있다. 물론 재료를 사러가는 시간을 아껴 다른 생산적인 일을 할 수 있는 점도 매력적이다.

장점은 이뿐만이 아니다. 큐레이션 구독서비스를 통해 소비자가 평소 생각지 못했던 음식 재료나 마트에서 쉽게 찾아볼 수 없는 이색적인 식품도 구매할 수 있다. 사실 일반 소비자들이 제철 과일이나 음식이 무엇이 있으며, 어떤 것이 좋은지 알기 어렵다. 식음료 구독서비스는 합리적인 가격에 제철 음식을 제때 받아 볼 수 있고, 새로운 음식에 대한 지식을 얻을 수 있다.

물론 우리가 먹는 음식이다 보니 우선적으로 구독회사는 고객의 신뢰를 얻어야 한다. 식음료품 선정부터 배송까지 생산자가 결정하는 만큼 소비자가 안심할 수 있도록 일반 구독회사보다 더 많이 신경 쓰고 노력해야 한다.

본인도 모르는 자신이 좋아하는 제품을 알려주는 구독서비스 상품들이 시중에 많이 나오고 있다. 자신의 피부 상태에 적합한 상품을 찾아가는 화장품 구독서비스 모델도 마찬가지다. 하지만 이러한 큐레이션 구독서비스에도 함정이 존재한다. **구독자가 자신에게 적합한 상품을 찾고 구독서비스를 해지하는 사례도 존재한다.**

일례로 일본에서는 전통주인 사케를 정기배송해주는 구독서비스가 있었다. 이 서비스는 구독자의 취향에 맞춰 다양한 종류의 사케를 제공해주었다. 요금은 1.8리터 한 병에 월 5,250엔 수준이었다. 처음에는 맹렬한 기세로 구독자가 늘었다. 하지만 2년이 지나고 나서부터는 구독자가 현저히 줄어들었다. 구독자들이 다양한 사케를 체험한 후 본인에게 맞는 사케를 찾고 나서 구독을 해지한 것이다.

결과적으로 이 회사의 구독경제 비즈니스모델에 대한 이해도가 조금 아쉽다. 만약에 이 구독서비스가 전통주뿐만 아니라 관련 상품들과 안주들도 같이 큐레이션 해주었다면 어땠을까? 자신에게 맞는 상품을 찾았다고 해도 부가적인 이익이 있었다면 구독자는 쉽게 서비스를 해지하지 않았을 것이다.

콘텐트(Content)

····

콘텐트는 구독서비스로 가장 경제성이 높은 분야이다. 우선 진입이 쉽다. 하지만 생존이 어려운 비즈니스모델이다. 온라인으로 콘텐트를 구독자에게 전달하는 것은 어려운 일이 아니다. 하지만 양질의 콘텐트 확보와 자신만의 색깔을 만드는 과정에서 상당한 비용이 든다. 온라인 콘텐트가 쏟아져 나오는 상황에서 제공자는 구독자에게 늘 새로운 경험을 제공해야 한다. 지속적으로 양질의 콘텐트를 제공하지 않으면 구독자가 빠르게 사라진다.

넷플릭스처럼 수만 개가 넘는 동영상 콘텐트를 확보한 후 구독자가 무제한으로 즐길 수 있도록 해야 한다. 아니면 유튜브처럼 무료로 이용하고 콘텐트 사용자가 제공자의 역할을 수행하는 것도 가능하게 해줘야 한다. 처음부터 상당한 노력이 들어갈 수밖에 없는 구독비즈니스모델로서 자본 집약적인 면도 있다. 콘텐트 축적의 시간도 필연적으로 따라온다.

퀴비처럼 세계적인 회사의 CEO가 설립하여 수조 원을 투자받은 회사도 본격적인 콘텐트 구독서비스를 시작한 지 1년도 버티지 못하고 사업을 접었다. 세계 각국에 많은 충성고객을 거느린 애플도 넷플릭스에 가려 빛을 보지 못하고 있다. 이처럼 얼핏 보기에는 황금알을 낳는 거위처럼 보이지만, 동영상 콘텐트 구독 시장은 콘텐트 빈익빈 부익부의 모습을 적나라하게 드러내고 있다.

뉴스레터(Newsletter)

····

뉴스레터는 사실 고전의 구독서비스다. 하지만 기존의 모델이 도태되고 새로운 모습의 비즈니스모델들이 하나씩 모습을 드러내고 있다. 지금은 무료 구독서비스가 대부분이지만 미국의 뉴욕타임스와 같이 유료 구독서비스로 전환하여 성공하는 사례도 나오고 있다. 시장성이 조금씩 더해지고 있다는 말이다. 뉴스레터는 점점 더 발전해 정보를 전달하는 구독경제의 한 축을 담당할 것으로 예상한다.

우리나라의 무료 뉴스레터들 중에도 최신 정보와 통찰력 있는 콘텐트를 제공하고 있다. 그중 대표적인 뉴스레터가 '미라클레터'다. 미라클레터는 실리콘밸리 특파원들이 해외의 새로운 트렌드를 가장 신속하고 깊이 있게 소개해준다. 정의선 현대차그룹 회장이 이 레터를 구독한다는 소식에 수백 명의 현대차 임원들이 대거 구독했다는 이야기도 있다.

출처 : 미라클레터

미라클레터와 비슷한 뉴스레터로 뉴욕 특파원들이 발행하는 '자이앤트레터'가 있다. 미라클레터가 실리콘밸리의 트렌드와 인사이트를 전한다면 자이앤트레터는 최근 뜨고 있는 미국의 유명 기업에 대해서 심층 분석한 정보를 전달한다. 기사를 보면 그 비즈니스 분야에 대해서 한눈에 알 수 있다. 특히 해외주식투자를 하는 분들에게 유효한 구독서비스다.

····

구독서비스를 관리해주는 구독서비스가 있을 정도로 구독경제 시장이 커지고 있다. 앞으로도 다양한 종류의 구독서비스를 관리해주는 서비스들이 생길 것이다. 구독경제에 대한 이해도가 높은 구글은 이런 포인트를 자사의 앱에 구현하고 있다. 많은 사람이 사용하는 '구글 플레이스토어'의 경우 메뉴에서 자신의 구독 내역을 확인할 수 있다. 물론 다양하고 빠른 관리 기능도 있다. 구글과 스마트폰 OS를 양분하고 있는 애플도 마찬가지다. '애플 앱스토어'에서 역시 비슷한 서비스를 이용할 수 있다. 추가로 앱스토어에서는 만료된 구독서비스를 재구독할 수 있는 서비스도 존재한다.

우리나라에도 위와 같이 정말 많은 구독서비스가 있다. 머지않아 국내에서도 미국의 주오라 같은 구독서비스 관련 수치를 측정하는 회사가 나타날 것이다. 현재 우리나라의 구독서비스들은 대부분 외국에서 먼저 서비스한 아이템들이다. 세계와 비교하면 구독경제의 선구자는 아니다. 앞으로 갈 길이 아직 멀다.

세계 각국의 구독서비스들 조사하다 보면 흥미로운 사실이 눈에 띈다. 똑같은 구독서비스를 제공하여도 국가별로 정반대의 결과가 나오는 경우가 종종 있다. 그 이유를 바로 다음에 나올 인사이트에서 자세히 알아보자.

INSIGHT

똑같이 하는데 왜 망할까?

구독서비스 스타트업이 소위 말해 대박을 내거나 가치를 인정받아 글로벌 기업에 인수·합병되는 케이스가 종종 있다. 그중 하나가 달러셰이브 클럽(Dollar Shave Club)이 세계 생활용품 2위 업체인 글로벌 기업 유니레버(Unilever)에 약 10억 달러에 매각된 사례다.

◆ 달러셰이브 클럽 - 미국

우선 달러셰이브 클럽에 대해서 간략하게 알아보자. 2011년 마이클 더빈(Michael Dubin)은 면도기의 교체 주기가 짧은 소모품임에도 면도기가 지나치게 고급스럽다고 생각했다. 마이클 더빈은 면도기의 가격이 과하게 책정됐다고 생각했다. 그는 글로벌 브랜드인 질레트처럼 유명 연예인을 섭외하면서까지 마케팅에 많은 금액을 지출하는 것이 낭비라고 생각했다. 유명 브랜드의 면도기에 한 달에 수십 달러씩 쓸 필요가 있을까? 너무 많은 기능이 있는 면도기가 정말 필요한가? 저렴한 가격에 면도날을 살 수 있지 않을까? 생각은 꼬리를 물고 이어졌다. 결국 마이클 더빈은 자신의 생각을 비즈니스모델로 연결했다. 저렴한 면도날을 수입해서 값싼 마케팅을 펼쳤다. B급 정서에 면도기를 녹여낸 저가형 홍보영상을 제작했다. 이 영상은 유튜브에서 소위 말해서 대박이 난다.

미국은 땅이 넓은 나라다. 면도기 하나를 사기 위해 마트에 가려면 차로만 수십 분이 걸린다. 면도기의 도난도 많다 보니 자물쇠로 걸어두는 경우가 많다. 구매하려면 점원을 찾아야 한다는 것인데 번거로움이 2배로 늘어나는 셈이다. 마이클 더빈은 여기서 두 번째 세일즈 포인트를 찾았다. 소비자들의 번거로움을 빠르게 인지하고 배송이라는 편리한 수단을 이용해 구독자의 고충을 덜어줬다. 물론 면도기 가격도 메이저 회사 면도기 제품보다 저렴했다. 마케팅과 편리함에 이어 경제성까지 더해 완벽한 삼박자를 이뤘다.

그 결과 달러셰이브 클럽은 창업 4년 만에 면도기 시장 점유율 10%를 달성하고 5년 만에 320만 명의 유료회원을 확보했다. 2015년 위기를 느낀 질레트가 달러셰이브 클럽과 같은 면도날 배송 서비스인 '질레트셰이브 클럽'을 시작할 정도였다.

2016년 달러셰이브 클럽이 유니레버에 약 10억 달러에 인수됐다. 그런데 굉장히 흥미로운 부분은 달러셰이브 클럽의 면도기 납품 회사가 한국의 '도루코'라는 것이다.

◆ 도쿄셰이브 클럽 - 일본

일본에서는 달러셰이브 클럽을 그대로 따라 한 구독서비스 모델이 있었다. 일본의 'OpenUp'이라는 회사가 '도쿄셰이브 클럽(Tokyo Shave Club)'이라는 구독서비스를 출시한 적이 있었다. 마케팅과 구독 모델도 흡사했다. 도쿄셰이브 클럽은 달러셰이브 클럽처럼 유튜브에 B급 정서의 홍보영상을 올리고 3가지 가격대의 구독서비스를 제공했다. 역시 면도기 납품 회사는 한국의 도루코였다. 하지만 2018년 도쿄셰이브 클럽은 서비스를 중단했다.

왜 같은 원자재를 사용하고 같은 방법으로 광고하고도 미국에서는 성공하고 일본에서는 실패했을까? 우선 B급 정서의 홍보영상이 재미를 보지 못했다. 마케팅 측면에서 초반 구독자 확보에 실패한 것이다. 일본에서는 경쟁자에 대한 비판을 선호하지 않는 데다가 달러셰이브 클럽처럼 기존의 회사를 비판하는 통쾌한 내용이라기보다는 약간 성인물 감성의 홍보물이었다.

편리성에 대한 고민도 전혀 없었다. 미국과는 다르게 일본에서는 면도기를 빠르고 편리하게 구매할 수 있다. 굳이 배송서비스를 선택할 필요가 없는 것이다. 마지막으로 일본 아마존에서 파는 경쟁사의 면도기에 비해 금액적인 메리트도 적었다. **구독서비스 모델을 시장에 맞게 재해석한 것이 아니라 그저 잘 된 구독서비스 모델을 따라 했을 뿐이다.** 어쩌면 끝이 정해져 있는 레이스를 펼친 셈이다.

◆ 와이즐리 - 한국

현재 우리나라의 면도 용품 구독서비스의 회사로는 와이즐리가 있다. 도쿄셰이브 클럽이 문을 닫은 2018년에 출시했다. 소비자 조사 전문 업체 오픈서베이의 조사 결과에 따르면 와이즐리는 2년 만에 국내 면도기 시장 4위로 올라섰으며, 젊은 층에 인기가 상당하다고 한다. 와이즐리 역시 달러셰이브 클럽처럼 독과점으로 인해 면도날이 너무 비싸다는 고객들의 문제를 해결하기 위해 중간 유통 비용을 제거하여 경쟁사 대비 3분의 1 수준의 가격에 면도날을 제공하고 있다.

나는 와이즐리와 미국의 달러셰이브 클럽이 어떤 차별점이 있는지가 궁금해졌다. 이메일로 면도기 구독서비스의 애로 사항을 더해서 와이즐리에 2가지 질문을 했다. 와이즐리의 답변은 다음과 같았다.

"와이즐리는 단순 벤치마킹이 아닌 철저히 국내 시장 고객들의 문제를 해결하는 데 집중했습니다. 사실 와이즐리가 등장하기 전에 국내에도 미국의 달러셰이브 클럽을 그대로 베낀 서비스가 등장한 적이 있었습니다만 유의미한 성과를 내지 못하고 사라졌습니다. 마케팅 문구는 물론 패키징까지 그대로 가져왔다는 느낌이 강했습니다.

하지만 국내 시장은 미국과 다릅니다. 비즈니스모델 그 자체를 베껴오는 것은 의미가 없고 고객들이 필요로 하는 서비스를 만들어야 합니다. 미국에서 달러셰이브 클럽이 주목받을 수 있었던 이유는 쇼핑의 편리함입니다. 국내와 달리 편의점, H&B 등 소형 유통이 발달하지 않은 미국에서는 마트에 가려면 20분가량 운전을 해야 합니다. 부피 대비 가격이 비싼 면도날의 도난이 잦아 자물쇠를 걸어둡니다. 면도날을 구매하려면 점원에게 따로 요청해야 하는 불편함이 있습니다.

두 번째 질문의 답변입니다. 가장 큰 애로사항은 고객들이 구독 자체를 낯설어하거나 운영방식에 대해 오해하는 것입니다. 2018년 와이즐리가 처음 출시됐을 때만 하더라도 물리적인 소비재를 구독하는 방식은 고객들에게 매우 낯선 방식이었습니다. 와이즐리도 처음에는 구독으로만 구매 가능한 판매구조를 테스트한 적이 있었습니다. 하지만 고객들이 이해하기 어려워하거나 가입 후 바로 해지하고 2달 후 다시 가입 후 바로 해지하는 등 다소 기형적인 소비행태를 보인 적이 있었습니다. 그래서 1회 구매와 구독을 동시에 운영하는 현재의 판매구조가 탄생했습니다. 무조건 매달 결제되는 것으로 오해하는 고객들도 많습니다. 와이즐리의 구독서비스는 면도 습관에 따라 1개월에서 6개월까지 주기를 선택하여 사용할 수 있기에 이를 안내하고 인지시키는 데 적지 않은 시간이 소요됐습니다.

다만 고객들이 구독에 익숙해지고 오해를 해소된다면 만족도가 매우 높다는 점은 최근 와이즐리 팀이 발견한 기회입니다. 와이즐리는 2018년 서비스 출시부터 구독에 대한 오해를 해소하고 고객들에게 그 효용을 인지시키는데 많은 노력을 기울여왔습니다. 그 결과 초기 4%에 불과했던 정기구매가입율이 최근 70%대까지 상승했습니다. 실제 사용하는 고객들의 만족도도 매우 높아 회차별 재구매율은 93%에 이릅니다. 이러한 데이터들은 고객들이 구독에 가진 오해를 해소할 수 있다면 매우 큰 기회가 있다는 것을 시사합니다."

와이즐리 측의 답변은 우리나라 소비자들이 아직 구독서비스에 대한 이해도가 부족함을 알 수 있는 중요한 현장의 목소리다. 아직 오프라인 구독서비스에 대한 이해도가 높지 않은 상황에서 1회용 판매와 정기 구독서비스를 동시에 진행한 것은 좋은 아이디어라고 생각한다.

특히 구독료를 반드시 매달 결제해야 한다고 오해하는 구독자들을 위해서 구독 기간을 1개월에서 6개월까지 주기적으로 선택하게 한 것은 구독자에게 선택권을 준 좋은 구독서비스 비즈니스모델의 예시다. 와이즐리의 답변처럼 스타트업의 경우 구독자와의 신뢰자본 구축이 필요하다. 오랫동안 긴 호흡으로 구독서비스를 제공하면서 신뢰자본을 구축하여야 구독률이 올라가는 것이다. 와이즐리는 면도기만을 판매하는 것이 아니라 면도 용품 구독서비스도 같이 제공하고 있다. 앞으로 스킨과 헤어케어 브랜드로 영역을 넓혀 갈 계획이라고 한다. 구독서비스 회사가 성장하기 위한 필수 요건인 크로스셀링(Cross-Selling)에 관해 정확히 인지한 것이다.

각 나라의 면도기 구독서비스 사례처럼 똑같이 따라 해도 각 나라의 문화와 산업생태계가 달라서 성공하지 못하는 사례가 많다. 그래서 현지화가 중요하다. 특히 구독서비스는 구독자가 신뢰자본과 익숙함을 선호하기 때문에 현지화가 더 중요하다. 우리나라의 면도기 구독서비스가 미국처럼 성공할 것인지에 대한 의문은 아직 있지만 구독서비스에서 중요한 신뢰자본 구축과 크로스셀링을 시도하고 있다는 점에서 향후 결과가 사뭇 궁금하다.

한가지 더 생각해 볼 점은 달러셰이브 클럽, 도쿄셰이브 클럽 모두 도루코 면도기로 구독서비스 사업을 시작했다는 점이다. 개인적으로는 만약 도루코가 미국에서 구독서비스를 시작했다면 아마 도루코가 세계적인 면도기 회사가 됐을지도 모르겠다는 생각을 한다. **아직 우리가 구독서비스에 대한 이해가 부족해서 놓치고 있는 기회가 많은 건 아닐까?**

SUBSCRIPTION ECONOMY

PART 4

구독경제 100% 활용하기

당신은 구독을 잘 사용하고 있는가?

연애, 직장, 사업, 성공 등 중요한 단어들에는 공통점이 하나 있다. 인간관계라는 점이다. 그렇다면 인간관계에서 가장 중요한 것은 무엇일까? 바로 나와 맞아야 한다는 것이다. 단기간은 나와 맞지 않는 사람과의 관계를 참고 견딜 수 있지만 시간이 지나면 어떤 형태로든 문제가 생긴다. 물건도 마찬가지다. 나와 맞지 않으면 오래 쓸 수 없다.

나와 맞지 않으면 힘들다

아이가 걷기 시작하면 부모는 고민이 생긴다. 점점 자라나는 아이의 발사이즈에 딱 맞는 신발을 사야 할지 아니면 넉넉한 신발을 사야 할지 고민한다. 사소해 보이지만 아이가 다 자랄 때까지 끝나지 않는 고민이다.

옷은 크게 입어도 큰 문제가 없다. 하지만 신발은 그렇지 않다. 신발이 작으면 오래 걷기가 어렵고 발이 불편하다. 불편한 신발을 계속 신으면 물집이 잡히고 심하면 질병으로 이어질 수도 있다. 반대로 신발이 크면 빨리 걷거나 달릴 수 없다. 때로는 큰 신발 때문에 넘어지기도 한다. 세상에는 정말 많은 신발 브랜드와 모델이 있다. 하지만 아무리 예쁘고 좋은 신발이라도 딱 자기 발에 맞고 편해야 오래 신을 수 있다.

구독서비스도 마찬가지로 나랑 맞아야 한다. 구독경제에서도 신발처럼 본인에게 맞지 않는 서비스를 사용하면 돈과 시간만 낭비하게 된다. 아무리 혜택이 좋은 구독서비스가 생겨도 나와 관계가 없으면 의미없다. 자신의 상황과 경제 규모도 고려해야한다. 하루가 다르게 좋은 구독서비스들이 출시되고 있다. 하지만 그만큼 영양가 없는 구독서비스들도 생기고 있다. **구독자는 본인에게 필요한 양질의 구독서비스를 선별할 수 있는 혜안을 길러야 한다.**

자신과 맞는 구독서비스를 확인하는 가장 좋은 방법은 사용해

보는 것이다. 일정한 기간을 정해두고 서비스를 이용하는 것을 추천한다. 이때 판단을 너무 섣부르게 하면 안 된다. 적응하는 기간도 없이 제품을 판단하는 것은 지양해야 한다. 최근에는 무료 체험 기간을 제공하는 구독서비스도 많다. 이를 활용하는 것도 하나의 방법이다. 주의할 점은 나에게 맞지 않는다고 판단되면 빠르게 정리해야 한다.

가랑비에 옷 젖는지 모른다

당신은 몇 가지 구독서비스를 사용하고 있습니까?

생각보다 자신이 몇 개의 구독서비스를 사용하고 있는지 정확하게 아는 사람이 드물다. 우리가 인지하지 못한 구독서비스도 많다. 스마트폰을 보통 2년 약정으로 구독하고 있지 않은가? 정기적으로 금액을 내는 휴대전화 보험에 가입한 사람도 있을 것이다. 음원 스트리밍 서비스나 OTT 서비스를 이용하는 사람도 많다. 이외에도 건강을 위해서 피트니스 구독을 이용하는 사람도 있을 것이다. 시간이 지날수록 구독서비스를 제공하는 회사들은 많아지고 있다. 구독서비스를 사용하는 사람들도 많아지고 있다. 잠깐만 주위를 돌아봐도 이미 구독서비스는 우리의 일상에 가까이 있다는 것을 알 수 있다.

이용하는 구독서비스가 많아질수록 구독자는 지출에 대해 관심을 가져야 한다. 옛말에 가랑비에 옷 젖는 줄 모른다는 말이 있다. 구독서비스 하나의 구독료는 대부분 얼마되지 않는다. 하지만 막상 사용하고 있는 구독서비스 요금을 모두 합쳐보면 생각보다 지출 규모가 크다. 구독자가 인지하지 못한 채 불어난 구독료는 재정적 위험을 불러올 수 있다.

구독서비스의 특징 중 하나는 한 번에 큰 비용을 부담하지 않고 적은 금액으로 제품과 서비스를 받아보는 것이다. 이탓에 소비자들은 자신이 지불하는 구독료를 제대로 알지 못 한다. 지속적인 관심을 갖기엔 작은 금액이기 때문이다. 소비자들은 되려 구독서비스가 가성비가 좋다는 말을 한다. 어느정도는 맞는 말이다. 하지만 꼼꼼히 살펴보면 그렇지 않은 경우도 많다. 구독서비스에서 금액은 시간에 비례하여 늘어나는 성격을 지닌다.

그렇다고 모든 구독서비스를 해지할 수도 없는 상황이다. 우리 생활에 필요한 좋은 구독서비스는 계속 출시되고 있다. 그렇다면 우리는 어떻게 대처해야 할까? 구독서비스를 신청하고 소액이라고 해도 주기적으로 확인해야 한다. 일정한 기간을 정해 전체 지불 구독료를 면밀하게 분석해야 한다. 자신이 사용하지 않는 구독서비스가 있는지도 주기적으로 확인해야 한다. 그리고 구독서비스를 신청하기 전에 각종 부채와 공과금, 필수 생활비 등의 다른 지출 부문을 살핀 후 구독서비스에 가입해야 한다.

그외에도 고려해야 할 사항은 많다. 혹시 자신이 중복되는 구독서비스를 사용하고 있는지 확인해야 한다. 또는 가족과 공유해서 사용할 수 있는 구독서비스가 있는지도 알아봐야 한다. 예를 들어 넷플릭스의 특정 요금제는 제한된 숫자의 디바이스에서 사용가능하다. 이 요금제에 가입하면 가정에 있는 컴퓨터, 휴대전화 등 다양한 기기에서 가족과 함께 시청할 수 있다.

마지막으로 자신이 가입한 가격과 현재 지출하는 금액이 같은지 확인해야 한다. 안 좋은 사례지만 몇몇 구독경제 기업중에는 가격 인상을 잘 보이지 않는 공지로 고지한 후 다음 달에 인상된 가격을 청구한 일도 있었다.

주의사항을 열거해보니 고려해야 할 것들이 너무 많다. 바쁜 현대인들에게 언급한 모든 것을 확인하기란 어렵다. 그럴 때는 구독서비스를 관리해주는 서비스를 사용하는 것도 방법이다. 애플리케이션을 다운로드받을 수 있는 플랫폼인 구글과 애플의 스토어에서는 소비자가 가입한 구독서비스를 빠르고 쉽게 관리할 수 있도록 도와주고 있다. 구독자는 클릭 한 번으로 자신이 가입한 구독서비스의 구독료를 알 수 있다. 해지 역시 한 번의 클릭으로 간단하게 할 수 있다. 구독서비스를 관리해주는 앱은 계속해서 진화하고 있다. 국내의 '왓섭'이라는 관리 서비스는 다양한 구독서비스를 분야별로 관리해 줄 뿐만 아니라 월세나 관리비 같은 금융 분야도 같이 관리해 준다.

우리는 구독경제로 획기적인 변화를 누리고 있다. 하지만 새로운 경제 시스템이 도입되면서 생기는 폐단도 많다. 구독자는 예상치 못한 위험에 빠지지 않기 위해서 자신이 사용하는 구독서비스에 관한 관심을 놓아서는 안 된다.

검은 손을 조심하라

구독경제의 소비자들은 기업의 다크넛지(Dark Nudge)로 인하여 필요하지 않은 구독서비스를 신청하는 경우를 조심해라. 원래 넛지(nudge)는 옆구리를 툭 치듯이 부드럽게 다른 사람의 선택을 돕는다는 의미를 지니고 있다. 하지만 넛지를 바람직하지 않은 마케팅의 방법으로 사용하는 기업들이 많다. 최근 각종 구독서비스 제공 기업들이 무료 체험 기간을 제공하고 있다. 가입한 뒤 무료 체험 기간이 끝나고도 구독료가 자동결제되는 사례들이 많다. 이와 같은 기업의 비즈니스 행태를 다크넛지라고 부른다.

2016년 한국소비자원 조사 자료에 따르면 디지털 음원 서비스 관련 소비자 불만의 절반 이상이 할인행사 후 이용권의 자동결제를 포함한 요금 관련 불만이었다고 한다. 해외에서도 다크넛지 사례가 많다고 한다. 2019년 미국 프린스턴대학교의 연구 결과에 따르면 약 1천 개가 넘는 쇼핑사이트가 다크넛지 방식을 사용했다고 한다.

그렇다면 기업은 자신들의 이미지에 타격이 가는 것을 알면서도 왜 이런 방식의 마케팅을 하는 것일까? 생각 외로 상당수의 구독자가 무료 체험 기간 이후에도 서비스를 유지한다고 한다. 해지가 복잡해 귀찮기도 하고 구독료가 비싸지 않은 경우가 대부분이라 그냥 구독을 유지한다. 우선 구독자를 구독서비스에 가입시키고 결제수단을 등록하는 순간 락인(lock-in) 효과가 나는 것이다.

락인효과란 기존 상품보다 양질의 상품이 출시돼도 소비자가 다른 제품을 구입하지 않고 기존의 제품이나 서비스를 사용하는 현상을 말한다. 이런 락인효과때문에 기업들은 이미지 손상을 각오하고 다크넛지 마케팅을 하는 것이다. 이중에 구독자 본인이 필요하다고 생각하면서 서비스를 유지하는 사례는 그나마 낫다. 하지만 자신이 해지하고 싶어도 하지 못하는 경우도 있다. 구독서비스 제공 업체가 해지하는 방법을 복잡하게 만들어 해지를 못하게 하는 사례도 있다.

다크넛지 관련 불만이 커지면서 결국 불공정한 마케팅을 근절하기 위해 정부가 나섰다. 2020년 12월 금융위는 '구독경제 금융소비자 보호 방안'을 발표했다. 주요 내용은 구독경제 사업자는 서비스를 무료에서 유료로 바꾸기 최소 7일 전에 전환 사실을 소비자에게 알려야 한다는 것이다. 지금처럼 무분별하게 다크넛지를 하는 것을 막는 방안이다.

복잡한 해지 절차를 간소화하는 방안도 통과됐다. 앞으로 구독경제 사업자들은 자신들이 제공하는 모든 홈페이지와 애플리케이션에 간편한 해지 버튼을 만들어야 한다. 해지 경로는 반드시 가입 체결과 같은 화면에 있어야 하며 해지 신청 접수는 고객 상담시간 이후에도 받아야 한다. 해지 환급금에 대한 조항도 있다. 환급 대금은 상품권이나 포인트로 제공하면 안 된다고 발표했다.

눈 뜨고 코 베이기

····

마트나 가게에서 물건을 사는 도중에 마감 할인이나 파격 할인을 하는 경우는 있어도 계산하고 나오는 순간 가격이 올랐으니 돈을 더 지불하라는 경우를 본 적 있는가? 아마 한 번도 본 적이 없을 것이다. 이런 말도 안 되는 일이 놀랍게도 구독경제에서는 있을 수 있다.

구독경제의 빅브라더 넷플릭스는 구독료를 소비자에게 동의 없이 마음대로 인상할 수 있었다. 지금까지는 인상한다는 고지만 하면 됐다. 물론 아직까지 국내에서 넷플릭스가 요금을 인상한 적은 없다. 하지만 미국에서는 이미 4차례나 요금인상을 했었다. 미국의 요금이 오를때마다 국내에서도 요금이 인상되는 것이 아니냐는 의혹이 계속되면서 불공정한 약관에 대한 비판이 나오기도 했다.

결국 2020년 1월 한국 공정거래위원회는 넷플릭스에게 약관 시정 명령을 조치했다. 넷플릭스가 약관에 관련해서 시정 명령을 받은 것은 처음이다. 지금까지 어떤 나라도 불공정 약관을 시정할 생각을 못하고 있었다. 시정 명령상에는 넷플릭스의 약관 중 많은 부분이 6개의 유형으로 소비자들의 권리를 침해한다고 명시하고 있다. 6개의 유형은 다음과 같다.

6개 불공정 약관 조항

1. 고객의 동의 없이 요금 변경 내용의 효력을 발생시키는 조항
2. 회원 계정의 종료·보류 조치 사유가 불명확한 조항
3. 회원의 책임 없는 사고(계정 해킹 등)에 대해 회원에게 모든 책임을 지도록 한 조항
4. 회원의 손해 배상 청구권을 제한하는 조항
5. 일방적인 회원 계약 양도·이전 조항
6. 일부 조항이 무효인 경우 나머지 조항의 전부 유효 간주 조항

넷플릭스는 처음에는 이러한 권고에 반발했다. 하지만 결국 모든 조항을 수용하고 약관을 고쳤다. 공정위가 수정한 약관의 결과를 정리하면 다음과 같다. 이제 넷플릭스는 서비스 요금이나 멤버십을 변경할 때 적용 시기를 포함해 구독자에게 동의를 얻어야 한다. 또한 동의하지 않는 경우 구독자는 즉시 넷플릭스를 해지할 수 있게 됐다.

요금 관련 외에도 중요한 약관은 배상 책임에 관한 조항이다. 지금까지 만약 구독자의 과실과 관련 없는 해킹이나 정보 유출이 발생해도 넷플릭스는 사고에 따른 피해를 구독자에게 떠넘길 수 있었다. 하지만 이제는 제공사인 넷플릭스의 과실은 온전히 넷플릭스의 몫이 됐다.

이어서 공정위는 구독경제 관련 방안을 계속해서 발표했다. 넷플릭스 약관 시정 두 달 후인 2020년 3월에 공정위는 '2020년 공정거래위원회 주요업무 추진계획'을 발표했다. 업무 추진계획에는 매우 이례적인 내용이 포함돼 있었다. 국가기관에서 처음으로 구독경제를 언급했다. 공정위는 구독경제의 개념을 **'일정한 금액을 지불하고 정기적으로 제품이나 서비스를 제공하는 거래유형'으로 명시했다. 우리나라 정부에서 공식적으로 처음으로 구독경제의 개념을 정리한 것이다.** '2020년 공정거래위원회 주요업무 추진계획'의 내용을 발표하면서 구독경제와 같은 신유형 상품의 출현으로 소비자들이 획기적인 변화를 누리지만 예상치 못한 피해에 노출될 위험이 있음을 언급했다. 계획서 안에는 OTT, 전자책 등 구독경제 분야의 불공정약관에 대해서 예시한 부문도 있었다.

넷플릭스에 이어 국내 OTT 서비스 기업에도 요금제 관련 시정명령이 떨어졌다. 국내 IPTV 제공사들은 지금까지 가입 후 동영상을 보지 않은 구독자에게도 환불을 해주지 않았다. 제공사는 환불불가 사유로 약관상에 있는 'VOD 서비스는 유료 가입 후 1개월 이내 해지 시 1개월 요금을 모두 청구한다'는 조항을 제시했었다.

공정위는 실제 제공한 서비스를 초과해 받은 요금의 반환을 거부한 행위가 약관법 위반이라고 판단했다. 2020년 초 개정한 약관에 따르면 가입 후 7일 내 해지하는 고객이더라도 동영상을 시청하지 않았다면 전액 환불받을 수 있게 됐다. 7일 이후 해지하더라도 가입 기간에 해당하는 만큼 계산한 요금과 잔여기간의 10%에 해당하는 위약금을 공제한 뒤 환불받을 수 있다. 단 구독서비스가 무제한 볼 수 있다는 점을 고려하여 동영상을 한 번이라도 시청했다면 1개월 치 요금을 지급해야 한다.

구독경제 시대를 대비하여 국내 공정거래위원회의 대응은 다른 나라에 비해 신속한 편이다. 앞으로도 구독서비스의 불공정 행위는 정부에서 발 빠르게 대응하여 구독자의 피해를 최소화하고 구제할 수 있는 제도적 장치를 마련해야 한다. 구독자도 억울한 피해가 없도록 자신의 권리에 대해서 잘 확인하고 적극적으로 주장해야 한다.

구독경제는 모두에게 새로운 영역이다. 어떠한 위험이 있을지 예측하기 어렵다. 하지만 구독경제 시장에서 한발 앞서려면 온·오프라인 구독서비스에 대한 선제적 정책 마련은 필수다. 구독경제 발전에 따라 앞으로는 이러한 정부 차원의 관리·감독을 더 강화해야 한다.

금융위 '구독경제 금융소비자 보호' 관련 안내문

국가의 탄생이 구독서비스의 시작

사람들은 마을을 만들어 살기 시작하고 내부 단결과 외부의 적으로부터 자신을 보호하기 위해서 국가라는 틀을 만들었다. 국가라는 형태는 부락민이 세금과 부역이라는 구독료를 내고 국가는 행정서비스(안전)를 제공하면서 처음 시작됐다. 그렇게 보면 구독서비스의 시작은 국가의 탄생이라고 봐도 무방하다.

좀 더 명확한 구독경제의 시작은 바로 상업의 개념이 생기면서부터다. 상업이 본격화되면서 가게에서는 부족한 인력을 위해 점원을 고용하게 된다. 가게 주인은 일정한 기간 금액을 지불하고 노동력을 구독하는 것이다. 나아가 HR(Human Resource)의 구독과 해지가 자유로워지면서 현대 사회의 '회사'라는 법인의 형태가 생긴 것이다.

발 빠르게 움직여야 한다

····

우리는 사실상 정부의 행정서비스를 구독하고 있다. 세금이라는 구독료를 정기적으로 지불하며 말이다. 구독서비스는 필요에 따라 언제 어디서나 맞춤형으로 사용할 수 있으며 시간이 지남에 따라 서비스가 개선돼야 한다. 하지만 정치와 행정서비스는 그렇지 못한 상황이다.

현재 세계 각국은 전자정부를 표방하고 있다. 우리나라 역시 기본적인 정부 거래가 온라인으로 전환됐고 상당 부분 디지털화가 진행됐다. 하지만 아직도 행정 부서간의 유기적인 호흡이 떨어진다. 행정부처 서로가 어떤 행정을 하고 있는지 자세하게 알 수 없어 많은 불편 사항이 발생한다. 불편함을 느끼는 주체는 국가서비스의 구독자인 국민들이다.

지금까지 국가의 행정서비스는 표준화되어 제공됐다. 일의 처리에는 효율적일 수 있으나 사용자 입장에서는 불편함을 느낄 수밖에 없다. 앞으로는 정부의 행정서비스도 구독서비스처럼 맞춤형으로 제공돼야 한다. 국민들이 원하는 서비스를 빠르게 파악해야 한다. 5천만 국민의 불편을 알아내는 것이 불가능해 보이지만 이미 몇몇 국가에서는 시행하고 있다.

이런 맞춤형 행정 서비스에서 가장 중요한 요소는 무엇일까? 바로 국민을 특정할 수 있는 국가 공인 ID다. 개인을 특정하는 빅데이터가 존재하지 않는다면 데이터 기반의 서비스도 몽상에 불과하다. 다행히도 우리에게는 '주민등록번호'라는 국가 공인 ID가 있다. 세계에서도 유례를 찾아보기 힘든 훌륭한 신분 확인 방법이다. 국가는 이런 국가 공인 ID를 보다 효율적으로 사용할 방법을 고민해야 한다.

지금은 여러 행정기관의 접속하는 ID가 모두 다르다. 만약 하나의 ID로 국가의 모든 행정망을 이용할 수 있다면 행정서비스 처리에 소요되는 시간을 아낄 수 있다. 통합된 행정망은 맞춤형 서비스에도 이점을 가진다. 예를 들어 실업급여를 받으려 하는 A라는 사람이 있다고 하자. A는 실업급여 신청을 위해 고용 보험 홈페이지에 방문했다. 고용 보험의 안내에 따라 약관을 작성하던 중 주민등록 등본을 요구하는 문항이 있었다. 이때 자동으로 등본을 발급해주는 행정서비스로 연결해 준다면 A의 시간을 아낄 수 있고 국가 행정서비스에 대한 만족도는 올라갈 것이다. 시야를 넓게 보면 행정서비스가 복잡해서 생기는 민원도 줄어들 것이다. 자연스럽게 공공기관에서 일하는 공무원들의 피로감도 줄어들 것이다.

조금 더 정부차원에서 이런 맞춤 구독형 행정서비스에 관심을 가지고 투자한다면 국민의 행복감을 높힐 수 있다. 다시 말하지만 국가는 국민에게 세금이라는 구독료를 받는 제공자로서 국민에게 양질의 서비스를 제공할 의무가 있다.

당신은 구독정치를 구독할 것인가?

····

구독서비스와 정치는 닮은 부분이 많다. 그중에서도 가장 닮은 부분은 신뢰자본이다. 선금을 내는 구독경제에서 제공자와 소비자 사이의 신뢰자본은 중요하다. 정치도 마찬가지다. 국민은 투표라는 권리를 통해 국가에 정당성을 실어준다. 그런 관계의 근간에는 자신이 투표한 사람이 국민의 이득을 생각하는 정치를 할 것이라는 믿음이 담겨있다.

하지만 지금의 정치는 어떤가? 국민을 위한 정책과 책임은 온데간데없이 편 가르기와 인신공격에만 혈안이 돼 있다. 국민은 국가를 신뢰하고 투표라는 선금을 지불했지만 그에 상응하는 서비스를 찾기 어려운 현실이다. 오히려 거짓으로 고객을 홀리는 구독서비스보다 더 지독하다. 구독서비스는 깨닫고 해지하면 그만이다. 하지만 정치는 선출되면 4년간은 참고 구독해야 하는 상황이다.

이제는 이런 상황이 변해야 한다. 개선을 위한 많은 방법이 등장하고 있다. 그중 하나가 국민소환제다. 하지만 이해 집단에 휘둘릴 수 있다는 불안의 목소리도 나오고 있다. 그렇다면 국민소환제를 도입하기 전에 시범적으로 '구독형 정치서비스 플랫폼'을 도입하는 것은 어떨까? 구독형 정치서비스 플랫폼이란 유권자에게 자신의 지역구 의원에 대한 정보를 지속적으로 제공하는 플랫폼이다. 구독과 좋아요 시스템을 도입해 국회의원에게 정치서비스에 대한 자신의 생각을 전달하는 것이다. 플랫폼을 통해 국회의원들은 지역 민심을 실시간으로 확인하고 자신의 정책을 돌아볼 수 있다. 앞으로 실시할 정책에 관해서도 미리 플랫폼에 올리면 국민은 보완점과 자신의 생각을 국회의원에게 전달하는 방식이다.

물론 플랫폼의 모든 것은 국가 공인 ID를 이용한 실명제를 도입해야 한다. 또한 팬덤(Fandom)에 의한 여론조작도 방지해야 한다. 국민의 참여율도 중요하다. 참여가 저조하면 플랫폼의 운영은 왜곡될 수 있다. 국민과 국회의원 모두가 감시자이자 참여자가 되는 양방향 구독형 서비스 플랫폼을 구축해야 한다.

정치 플랫폼을 구축해 더 이상 권리를 누리기만 하는 사람이 없도록 채찍질을 해야 한다. 만약에 우리의 정치가 투표라는 권리가 아니라 현금을 내는 구독서비스라면 몇이나 구독을 할까? 이제는 자신의 권리에 상응하는 서비스를 목소리 높여 쟁취할 때다.

> "권리 위에 잠자는 자는 보호받지 못한다." - 독일의 법학자 루돌프 폰 예링

범죄자가 될 뻔한 구독자들

••••

지금까지 설명한 것과 반대로 구독자가 서비스 제공자를 속이는 사례도 있다. 유튜브 이용자라면 누구나 한 번쯤은 중간광고에 짜증을 토해본 경험이 있을 것이다. 이런 불편을 해결해 주는 구독 서비스가 존재한다. 광고를 제거하고 유튜브만의 오리지널 콘텐트를 제공하는 구독서비스 '유튜브프리미엄'이다.

최근 국내 월정액 약 8천 원대인 유튜브프리미엄을 더 싸게 이용하는 방법이 인터넷상에서 유행하면서 논란에 휩싸이고 있다. VPN[12]을 이용하여 국가 서버를 우회해 싼 가격에 서비스를 이용할 수 있는 편법이다.

편법은 유튜브 광고 정책의 틈을 비집고 들어갔다. 유튜브는 국

---

12 VPN : 우리말로 가상사설망. 인터넷망과 같은 공중망을 사설망처럼 이용해 회선비용을 크게 절감할 수 있는 기업통신 서비스를 이르는 말

가마다 월정액 금액과 서비스 모델에 차별을 두고 있다. 이유는 간단하다. 각 나라의 화폐의 가치와 소득수준이 달라 광고 단가가 다르기 때문이다. 예를 들어 같은 영상을 보더라도 한국에서 광고를 봤을 때가 베트남에서 광고를 봤을 때보다 2배 많은 광고비용을 지급해준다. 광고로 인해 파생되는 금액이 다르기 때문이다. 자연스럽게 광고를 제거해주는 유튜브 프리미엄의 가격도 국가마다 다르게 책정된다. 한국에선 약 8,000원이지만, 인도에선 약 2,000원으로 유튜브 프리미엄을 이용할 수 있다. 이 같은 국가별 요금제 차이를 이용해서 인도 계정으로 유튜브 프리미엄을 구매해 국내에서 이용하는 이들이 늘고 있다.

VPN을 사용하여 구독서비스를 저렴하게 이용하는 관행에 법적인 문제는 과연 없을까? 최소한 약관과 형법상의 위반 소지는 있어 보인다. 우선 유튜브는 유료 서비스 약관에 다음과 같은 조항이 있다.

'사용자는 국가를 허위로 표시하지 않고, 유료 서비스 제한을 우회하는 시도를 하지 않기로 동의한다'

이충윤 대한변호사협회 전 대변인은 유튜브 약관에 동의하는 것의 법적 의미를 유튜브와 계약을 체결하고 일정 부분 구속을 인정하는 것이라고 한다. 해당 약관에는 국가 허위 표시와 우회 시도 금지에 관한 조항 위반시 부담하는 페널티를 포함하고 있다고 분석했다. 약관상에는 페널티로 계정 사용 제한과 차액 지금에 관한 내용만 있다. 유튜브가 구독자에게 과도한 책임을 묻지는 않고 있는 것이다.

그렇다면 형법적인 측면에서는 어떨까? 이충윤 변호사는 사기와 업무방해로 문제가 될 수 있다고 한다. 물론 금액이 비교적 소액이고 업무방해 강도가 중대하지 않아 실무적인 처벌이 어려울 수 있다고 말했다. 하지만 누군가 이 방법을 전파하여 많은 사람이 따라 하게끔 했다면 처벌 케이스가 될 여지도 있어 보인다고 덧붙였다. 정리하면 **현행법을 위반하고 있는 것은 명백하나 금액이 작고 업무방해의 범위가 제한적이라서 처벌까지는 되지 않을 수도 있다. 하지만 이런 불법적인 방법을 전파한다면 처벌 될 여지도 있다는 것이다.**

구독경제가 자리잡으면서 전에는 생각지 못한 여러 법적, 도덕적 문제가 생길 수도 있음을 보여주는 사례다. 소비자들이 사안 별로 위법 행위에 대해서 인지하기는 쉽지 않다. 그러므로 사회적 차원에서 관심을 가지고 지속적인 경계가 필요하다.

INSIGHT

에스토니아를 통해 배우다

세계 최초로 국가의 전반적인 행정을 디지털화한 나라, 세계 최초로 인터넷 투표를 시작한 나라, 세계 최초로 전자영주권인 이-레지던스(e-Residency) 제도를 시작한 나라, 세계 최초로 전 국민의 유전자 지도를 만들려는 나라가 어디일까?

인터넷 전화의 대명사 스카이프(Skype), 해외 송금과 핀테크의 대명사 트랜스퍼와이즈 (TransferWise), 세계 각국에서 음식을 배달하고 있는 배달로봇 회사 스타쉽 테크놀로지(Starship Technologies), 우버의 아성을 위협하는 차량공유 플랫폼 볼트(구 Taxify)의 공통점이 무엇일까?

바로 북유럽의 국가 에스토니아(Estonia)다.

◆ ID로 모든 것이 가능하다

에스토니아는 1990년대 초 소련에서 독립했다. 나라에 천연자원도 없고 국토도 우리나라의 절반 정도뿐인 작고 가난한 나라였다. 독립할 당시에 전화기 보유 가정이 절반이 안 됐을 정도로 IT와는 거리가 먼 나라였다.

그런 나라가 현재는 세계에서 가장 선진화된 디지털 행정서비스를 제공하고 있다. 에스토니아의 이런 디지털 서비스의 배경에는 2001년 제작된 엑스로드(X-road)라는 시스템이 있다. 엑스로드는 국가와 민간의 DB를 연결해주는 정보공유 디지털 시스템이다. 대단한 점은 엑스로드가 정보를 담는 중앙 서버 없이 여러 데이터를 분산 저장하는 블록체인 방식을 취하고 있다는 것이다. 지금이야 블록체인이라는 개념이 널리 알려져 있지만 2001년 엑스로드가 만들어질 당시에는 블록체인이라는 개념이 정립되기 전이다.

엑스로드는 에스토니아 국민들의 삶에 많은 변화를 가져왔다. 에스토니아 국민은 태어나면서 출생 병원에서 디지털 고유번호를 받고 엑스로드에 등록된다. 엑스로드에 등록된 고유번호를 가지고 금융, 의료 등 대부분의 국가 행정서비스를 받을 수 있다.

전산화된 다양한 시스템은 국민들의 삶도 윤택하게 해주었다. 엑스로드를 바탕으로 한 서비스는 행정에 필요한 비용을 줄였다. 연간 수십억 유로의 절감 효과가 있다고 한다. 줄어든 행정 비용은 국민의 삶 속으로 재투자됐다. 그 결과 90년대 독립 당시 1,150달러였던 에스토니아의 1인당 국내총생산(GDP)는 2018년 약 23,000달러로 약 20배 성장했다.

◆ 어느 병원을 가도 상관없다

엑스로드로 가능해진 서비스는 금전상의 이득뿐만 아니라 에스토니아 국민들의 삶도 편리하게 해주었다. 에스토니아에서는 도서관, 병원 등 다양한 공공기관에 방문할 때 아무것도 가져갈 필요가 없다. 그저 자신의 고유번호를 말하기만 하면 된다.

한 가지 예로 병원에 관한 이야기를 해보자. 에스토니아에서는 병원에 가서 자신의 기존 병력을 말할 필요가 없다. 의료 기록, 건강검진 결과 등의 모든 진료기록이 엑스로드에 등록되어 있다. 의사는 환자의 기록을 토대도 알맞은 진료를 하기 용이해진다. 환자는 번거롭게 처방전이나 보험증을 들고 다닐 필요가 없다. 서로의 시간을 아끼고 보다 효율적인 서비스를 제공받을 수 있는 것이다. 어떤 병원을 가더라도 상관없다. 처음 방문하는 병원에서도 동일한 진료를 받을 수 있다.

전산화된 의료기록의 진가는 응급상황에서 더 빛을 발한다. 다른 나라에서 보통 갑자기 아프거나 사고가 나서 응급실을 가면 어떤가? 말도 못 할 정도로 아픈 상황에서 의사는 어디가 아픈지, 병력이 있는지 물어본다. 심지어 여러 검사를 받기 위해 기다려야 하는 경우도 허다하다. 하지만 에스토니아에서는 자동으로 의사에게 이전 진료기록이 전달된다. 만약 환자의 의식이 불분명한 상황이라 하더라도 의사는 환자를 위한 최상의 맞춤형 진료서비스를 제공할 수 있다.

에스토니아는 이런 시스템을 기반으로 2017년부터 모든 환자의 데이터를 통합적으로 활용하는 작업을 진행하고 있다. 이를 기반으로 개인에게 맞춤형 의약품을 제공하는 기술을 개발 중이라고 한다.

왜 우리는 지금까지 이런 효율적인 시스템을 도입하지 못하고 있을까? 바로 국가 행정망과 민간의 DB가 연결되지 않아 정보가 흐르지 않는 디지털 동맥경화증을 앓고 있기 때문이다. 나는 이런 현상을 '디맥경화'라고 이름 지었다.

대한민국의 인구는 에스토니아보다 수십 배 많다. 그 말은 각 기관에 쌓인 정보를 합치면 에스토니아보다 많은 정보가 생긴다는 의미기도 하다. 하지만 공공부문과 민간부문의 사일로(Siol)[13]가 분명

13 사일로 효과 (Silos effect) : 조직 부서들이 서로 다른 부서와 담을 쌓고 내부 이익만을 추구하는 현상을 일컫는 말.

존재한다. 민간부문끼리도 마찬가지로 정보를 공유하지 않는다. 예를 들어 병원마다 다양한 환자의 정보가 있을 것이다. 이런 정보를 환자의 동의를 받고 공유하면 치료제 개발, 백신 개발 등 다양한 분야에서 시너지를 발휘할 것이다. 하지만 지금의 상황에서는 꿈만 같은 이야기다.

물론 대한민국과 에스토니아의 상황이 완벽하게 같지는 않다. 자원과 정보통신 인프라가 부족한 에스토니아에서는 중앙집권적인 DB를 만들 수가 없기에 정부와 민간이 각자 DB를 만들게 됐고, 서로의 원하는 정보가 달라 어려움을 겪다가 이를 해결하고자 정부와 민간의 DB를 이어주는 엑스로드 프로젝트를 2001년에 시행했다. 이런 좋은 시스템은 본받을 만하다. 우리나라도 '디맥경화'를 해결하기 위한 우리만의 엑스로드 프로젝트를 시작해야 할 때라고 생각한다.

SUBSCRIPTION ECONOMY

PART 5

잘 나가도 왜 망할까?

구독경제로 잘 나가도 왜 망하는가?

오프라인의 넷플릭스라 불렸던 미국의 무비패스(MoviePass)가 2020년 1월 파산했다. 무비패스는 월 9.95달러만 내면 영화관에서 매일 한 편의 영화를 볼 수 있는 구독 모델을 서비스하며 큰 인기를 끌었고 약 300만 명의 구독자를 보유한 거대회사였다.

화장실을 가기 위해 극장을 간다?

....

그런 잘 나가는 구독회사가 뭐가 부족해서 망했을까? 무비패스는 2017년 매일 극장에서 영화를 볼 수 있는 구독서비스를 제공하여 상당한 주목을 받았다. 사업 초기에 언론에서 보도한 예상 구독료는 약 50달러였다. 하지만 무비패스가 공개한 구독료는 고작 9.95달러에 불과했다. 9.95달러의 구독료는 구독자가 한 달에 영화를 2번만 봐도 무비패스에 적자가 발생한다. 발생한 차익은 고스란히 무비패스가 보전해야 하는 위험한 비즈니스모델이었다. 많은 사람이 무비패스가 겪을 금전적인 손해를 걱정했다.

하지만 무비패스 경영진의 생각은 달랐나보다. 우선 무비패스는 매일 영화를 보는 사람은 극히 드물 것이고, 극장에 매일 새로운 영화가 개봉하는 것도 아니기에 금방 구독자들이 흥미를 잃을 것으로 생각했다. 헬스장처럼 회원권을 사고 영화를 안 보는 사람도 상당수 있을 것이라고 생각했다. 설령 구독자들이 많은 영화를 봐도 상관없다고 생각했다. 기존의 제작사들은 누가 어떤 영화를 좋아하는지 명확하게 알 수 없지만, 자신들은 개인 ID를 통하여 각각 회원들이 어떤 영화를 선호하는지 확인할 수 있는 데이터를 확보하리라 믿었다. 수집한 데이터를 영화제작사에 팔아 수익을 만들 생각을 하고 있던 것이다.

그들의 예상은 완벽하게 빗나갔다. 콘텐트 산업의 특성을 전혀 이해하지 못하고 있었다. 성급한 일반화로 매니아층의 화력을 무시한 것이다. 한 달에 같은 영화를 여러차례 보는 구독자들이 많았다. 한 달에 수십 편의 영화를 보는 고객들의 비용도 무비패스가 지불해야 했다. 심지어 어떤 구독자들은 주변을 지나가다가 화장실을 사용하려고 영화를 예매했다고 한다. 당연히 영화를 안 보더라도 무비패스는 그 금액을 영화관 측에 지급해야 했다. 무비패스가 계획한 두 번째 수익창출 계획도 실패했다. 영화를 보지 않고 예매만 하는 가짜 손님들이 많다 보니 확보한 데이터의 신뢰도가 의심받기 시작했다.

저렴한 구독서비스로는 기업 운영이 어렵게 되자 무비패스는 구독료를 50%가량 인상하겠다고 발표했다. 그러자 가입자의 절반 가까이가 해지해버렸다. 무비패스는 구독료 인상을 철회하고 대신 볼 수 있는 영화 등을 제한하는 조치를 했었지만 이미 기업은 기울어져만 갔다. 이런저런 우여곡절을 겪던 무비패스는 2019년 9월에 서비스 제공을 중단하고 2020년 1월에 파산신청을 했다.

대표적인 오프라인 구독서비스의 실패 사례로 남은 셈이다. 물론 무비패스 같이 실패한 사례도 있지만, 헬스장 구독서비스로 미국 전역에 2천 개가 넘는 헬스클럽을 론칭한 플래닛피트니스(Planet Fitness) 같은 성공사례도 있다.

플래닛피트니스는 1992년에 처음 오픈했다. 회원은 월 10달러만 내면 헬스장에서 운동할 수 있다. 타 헬스장의 월 회비가 일반적으로 100달러 이상인 점을 고려하면 상당히 저렴한 구독료다. 플래닛피트니스의 장점은 저렴한 가격만이 아니다. 플래닛피트니스는 맥도날드처럼 어느 지점을 가던 동일한 서비스를 받을 수 있다. 미국에서의 인기에 힘입어 캐나다, 멕시코 등 아메리카 대륙 전역으로 지점을 확장중이라고 한다. 역시 미국에서와 동일한 서비스를 제공한다. 플래닛피트니스는 2015년 나스닥에 상장했을 정도로 성공한 헬스장 구독서비스 모델이다.

무비패스와 플래닛피트니스 사이에는 어떤 차이점이 있기에 이렇게 성패가 갈렸을까? 구독서비스는 단순히 가성비의 이점을 제공하면 되는 경제모델이 아니다. 구독자를 많이 모은다고 성공하는 것도 아니다. 무비패스는 수많은 구독자를 모아서 플랫폼의 역할을 하고 싶었지만 비즈니스모델의 기본인 수익창출을 너무 간과했다. 구독서비스의 중요 요소인 경제성을 무시한 것이다. 구독 적합성의 문제도 있었다. 피트니스플래닛은 헬스장이 자사의 재산이었지만 무비패스의 경우 극장도 영화도 그들의 것이 아니었다. 물리적으로 구독적합성이 떨어지는 구독서비스 모델이었다.

두 기업의 사례는 앞으로 구독경제를 도입할 사람들에게 경각심과 희망을 동시에 주고 있다. 구독경제가 새로운 트렌드가 되면서 다양한 분야의 사람들이 구독서비스를 도입할 생각을 하고 있을 것이다. 플래닛피트니스의 사례처럼 구독경제를 통해 부자가 될 수도 있고, 무비패스처럼 가진 것을 모두 잃을 수도 있다. 지금부터 구독서비스를 도입하기 위해서 조심해야 할 것들을 차근차근 알아보자.

체리피커(Cherry Picker)

····

훠궈는 중국식 샤브샤브로서 중국에서 매우 인기가 많은 메뉴다. 2019 중국요식업계 보고서에 따르면 훠궈가 중국 요식업계에서 차지하는 비율이 1위라고 한다. 베이징에서만 만개가 넘는 훠궈 점포가 있을 정도라고 한다.

2018년 6월에 중국 청두시에서 훠궈 전문점 식당이 오픈했다. 이 식당은 오픈기념으로 2만 원 상당의 멤버십 카드를 발매했다. 구독서비스 프로모션의 일종으로 멤버십 카드를 사면 한 달 동안 언제든지 원하는 시간에 식사할 수 있었다. 이 프로모션은 크게 성공하여 식당은 손님으로 북새통을 이루었다. 하지만 식당은 개업한 지 보름도 안 돼서 1억 원에 가까운 적자를 내고 폐업했다. 중국의 대표 음식인 훠궈라는 메뉴로 구독경제 프로모션을 통해 수많은 손님을 모객했음에도 왜 한 달을 못 버티고 폐업을 했을까? 폐업할 당시 식당이 공지한 안내문은 다음과 같은 내용을 담고있다.

"손해를 보더라도 고객층의 확보를 위해서 프로모션을 진행했지만, 온라인 회원관리 및 시스템 미비로 실패했다. 회원들이 회원 규칙을 지키지 않고 카드를 돌려 사용했고, 수입 대비 지출이 몇 배가 더 큰 마이너스 매출이 나와서 파산하게 됐다. 약속을 지키기 위해서 식당에 사람이 많으면 손님을 근처 다른 식당이나 가게를 이용하게 해줬다. 하지만 손님들이 시스템을 악용해 적자가 점점 커져만 갔다"

식당주인의 말에 따르면 고객들은 구독서비스 멤버십에 가입한 후 가족부터 친구들까지 돌려가면서 사용했다고 한다. 하루에 수백 명이 넘는 사람들이 멤버십 카드로 식사를 하면서 식당은 공짜 손님으로 넘쳐났다. 아침에 문 열 때 들어와서 문 닫을 때까지 먹고 쉬는 손님들도 많았다고 한다. 소위 말하는 '체리피커'들이 많았다는 얘기다. **체리피커(cherry picker)란 케이크 위에 얹은 체리만 골라 먹는 사람을 뜻한다. 실제로는 이벤트를 통해 기업이 주는 서비스나 혜택만 누리고, 상품이나 서비스를 구매하지 않거나 자신의 실속만 챙기는 소비자를 지칭한다.**

미국의 무비패스, 중국의 훠궈 식당은 구독경제 모델을 통한 고객유치에만 관심이 있었을 뿐 체리피커같은 구독서비스 비즈니스 모델의 악용자를 신경쓰지 않았기 때문에 망해버린 것이다.

만약 훠궈 식당이 멤버십 카드에 사진을 넣었다면 어땠을까? 도용의 여지가 많은 사진을 이용해서 프로모션을 진행했다면 적어도 몇 달은 버텼을 것이다. 나아가 식당이 QR코드를 이용한 본인 인증을 도입했다면 지금까지도 식당은 만원을 이뤘을지도 모른다. 누군가는 식당의 기술력이 부족하지 않냐고 질문할 수 있다. 하지만 중국에서는 이미 QR코드를 활용한 결제시스템이 잘 구축되어 있다.

위의 사례처럼 구독경제 비즈니스모델에는 구독자 확보 말고도 고려할 것들이 많다. 우선 현재 자신이 가지고 있는 기술과 자원에는 어떤 것이 있는지 정확히 인지해야 한다. 자신이 가진 자원을 활용해 현재 상황에서 도입할 수 있는 최선의 구독서비스 모델을 구축해야 한다.

상식으로 시작한 구독서비스, 이렇게 하면 망한다?

····

정확한 자료도 없이 상식에 기반해 '이렇게 하면 좋을 것이다.'라고 구독서비스를 시작하면 낭패를 볼 수 있다. 일본의 한 정장 회사는 젊은 세대의 정장 기피와 기업의 복장 자율화로 매출이 급감하자 해결책으로 의류 정기구독 서비스를 시작했다. 일정 금액을 받고 양복, 와이셔츠, 넥타이 세트 한 벌을 빌려줬으며 마음에 안 들면 월 한 차례 교환할 수 있도록 했다.

이 회사는 구매력이 약하고 구독서비스에 익숙한 젊은 세대가 주 구독자일 것으로 생각하고 서비스를 기획했다. 하지만 예상과는 다르게 주 구독서비스 이용자는 기존 오프라인 매장의 중심 고객인 40대였다. 고가의 양복을 구매하던 40대들이 저렴하고 편리한 구독서비스로 이동한 것이다. 기존에 구매력이 있는 고객층이 구매를 줄이고 구독을 늘리자 단기적인 매출의 손실이 이어졌다. 심지어 제품도 부족했다. 정장회사는 주 타겟층을 잘못 설정한 탓에 주 구독자인 40대 취향에 맞는 정장을 제때 제공하지 못했다. 결국 이 회사는 서비스 출시 이후 1년도 되지 않아서 구독서비스를 종료하게 된다.

위의 사례 같은 실패를 피하기 위해서는 사전에 시장조사를 꼼꼼히 해야 한다. 단순히 이러면 좋을 것이라는 상식을 가지고 판단하면 안 된다. 정확한 정보를 바탕으로 시장을 분석해야 한다.

현대 사회에서는 검색만 해도 다양한 정보를 얻을 수 있다. 다양한 국내외 유사 구독서비스 제공 사례를 검토하고 시장조사 기관의 컨설팅과 설문자료를 분석해 비즈니스모델을 구축해야 한다. 규모가 작은 기업이나 소상공인이라면 리서치회사가 제공하는 무료 통계자료와 트렌드 정기 보고서를 참조하는 것도 방법이다.

구독서비스 제공법

앞서 말한 것처럼 정확한 자료를 가지고 시장에 대한 조사를 마쳤다면 다음으로 고려할 것은 무엇일까? 다시 맨 처음에 언급한 구독서비스의 기본으로 돌아가면 된다. 바로 구, 경, 편을 지키는 것이다.

좋은 구독서비스를 도입하는 방법

····

우선 구독서비스 도입을 위해서는 기본적으로 구독적합성이 있어야 한다. 구독하기에 적합한 서비스와 제품이어야 한다. 물론 구독서비스는 상상력의 비즈니스모델이다. 생각지도 못한 분야의 제품이 구독서비스로 나타날 수 있다. 그렇다면 모든 물건을 구독으로 팔면 된다는 말일까? 아니다. 구독적합성에서 중요한 것은 제품을 구독서비스로 풀어냈을 때, 기존의 제품을 판매하는 방식보다 메리트가 있어야 한다. 만약 굳이 기존의 방식과 차별점이 없으면 소비자는 금액을 먼저 내야 하는 구독서비스를 이용할 이유가 없다.

어떤 분야의 제품이 구독에 적합한지는 다양한 보고서를 통해서도 확인할 수 있다. 맥킨지 보고서에 의하면 구독자 중에서 약 55% 만이 장기 약정가입을 고려한다고 한다. 분야별 장기구독 이용률은 보충서비스는 65%, 큐레이션이 52%, 액세스 분야가 51%로 보충서비스 상품군의 구독자들이 장기구독을 많이 고려한다.

그다음은 제품과 회사의 경제성을 고려해야 한다. 위의 보고서의 내용처럼 많은 사람이 단기적인 구독만을 이용하는 상황에서 무료 구독 기간, 과다한 구독할인 등 불필요한 판촉과 마케팅 투자는 의미가 떨어진다. 오히려 구독자들을 락인할 수 있는 매력적인 구독서비스를 개발하는 것이 더 현명하다. 좋은 구독서비스 모델을 구축하는 단계만 생각해도 할 일이 너무나 많다.

스타트업 같이 인력과 자원이 풍족하지 못한 경우에는 더욱 경제성을 유심히 따져봐야 한다. 아무리 구독적합성이 높은 분야의 제품을 선택하더라도 이를 제공할 경제적 힘이 없으면 오래가지 못한다. 경제적으로 바기닝파워를 소유하지 못하면 구독서비스를 시작할 때 소수의 제품에 집중하는 것이 좋다. 제품을 제공할 여력이 준비되지 않은 상태에서 많은 종류의 제품을 제공하다가는 서비스에 대한 구독자의 만족도가 떨어질 가능성이 높다.

제품의 종류는 한정적으로 제공하는 것이 좋으나 금액 지불 방식은 다양하게 제공하는 것이 좋다. 탄력적인 지불 방식은 소비자의 경제적 부담을 줄여준다. 기업의 입장에서도 경제성이 늘어나는 셈이다. 소비자가 원하는 주기로 세분화된 구독료를 책정한다거나 1회성 구독료를 책정하는 것도 좋은 방법이다. 다만 너무 다양한 지불 방식이 있으면 오히려 구독자의 선택 장애를 줄 수도 있다. 3개 정도의 탄력적인 구독가입 상품이 있으면 충분하다. 대부분의 글로벌 구독회사가 베이식, 스탠다드, 프리미엄 이렇게 3가지로 구독료를 차등하는 것도 같은 이유다.

마지막으로 고객의 편리성을 고려한 구독서비스 모델을 구축해야 한다. 단순히 제품과 서비스만 편리해야 하는 것이 아니다. 결제 환경 역시 편리성을 갖춰야 한다. 가입부터 지불까지 전체적인 결제 프로세스를 갖춰야 한다. 다만 소비자의 편리성을 위한다는 명목하에 다크넛지 같은 행위는 고객의 신뢰를 잃을 수 있으므로 지양해야 한다.

양날의 칼 - 빅데이터

····

몇 년 전부터 각종 언론에서 빅데이터에 대한 이야기가 쏟아지고 있다. 정보화 시대에 성공하려면 빅데이터가 필수라고들 한다. 빅데이터를 얻는 것도 중요하지만 해석하는 것은 더 중요하다. 새로운 트렌드인 구독경제에서도 빅데이터는 성공을 위한 필수요소다. 그렇다면 구독경제에서 빅데이터를 해석하는 해석툴은 무엇일까? 아마 답을 알고 있을 것이다. 바로 개인을 특정하는 ID다. ID를 통해 해석한 정보를 바탕으로 고객에게 맞춤형 서비스를 제공하는 것이 구독경제의 핵심이다. 만약 반대로 고객이 구독서비스 회사에 ID를 기반으로 한 많은 정보를 주었는데 기업이 차별화된 제품이나 서비스를 제공하지 못하면 어떻게 될까?

분명히 친구에게 여러 번 한 이야기를 친구가 기억 못해서 서운한 적이 있었을 것이다. 나는 한겨울에도 아이스 아메리카노를 마시는데 오래 지낸 친구가 한여름에 뜨거운 아메리카노를 사 오거나, 알레르기가 있어서 못 먹는 새우 요리를 주문해 놓는 그런 친구에게 묘하게 서운한 감정이 드는 경험이 한 번은 있을 것이다. 친구 사이에는 서운하다고 말하면 그만이다. 하지만 만약 구독서비스 제공자가 그러면 이야기가 달라진다. 가상의 에피소드를 만들어 보자. 갑각류 알레르기가 있는 당신은 간편식 구독서비스를 신청하면서 주의사항을 구독서비스 회사에 전달했다. 하지만 며칠 뒤 당신의 도시락에 새우가 떡하니 꼬리를 흔들고 있다면 어떤 기분이 들겠는가? 아마 좋은 기분은 아닐 것이다.

구독자들은 구독서비스 회사에 원하는 점이나 개선할 점을 이야기한다. 이때 제품과 서비스 개선에 구독자의 정보나 의견을 제대로 반영되지 않으면 구독자들은 자연스레 반발할 것이다. 구독자에 대해서 많은 데이터와 정보를 가지고 있다는 것은 그만큼 구독자가 기대하는 바가 크다는 말도 된다.

모든 고객의 데이터에 일일이 다 대응하려면 많은 버전의 제품과 서비스들이 있어야 한다. 일반 제품이라면 하나하나 포장과 배송에도 신경 써야 할 것이다. 빅데이터를 통해서 고객이 무엇을 원하는 것을 안다고 해도 물량 확보와 배송이 어렵다면 구독서비스를 제공하기 어렵다. 빅데이터에 일일이 반응하다 보면 물류와 배송에 문제가 생길 수도 있다. 과연 자신이 그런 기대에 부응할 수 있는 여건이 되는지도 구독서비스를 시행하기 전에 확인해봐야 할 것이다. 만약 자신이 없다면 오롯이 하나의 제품에만 집중하는 것도 방법이다.

신뢰자본의 중요성

····

심리학자 게리 맥퍼슨은 1990년대 후반 어린이들을 대상으로 한 가지 실험을 했다. 실험 내용은 다음과 같다. 100명 이상의 어린이들에게 악기를 다루기 전에 '앞으로 음악을 얼마나 계속할 거니?'라는 질문을 하고 10개월이 지난 뒤 실력을 평가한다. 대답은 두 가지 패턴으로 나눌 수 있다. 첫 번째 유형은 '저는 1년 정도만 하다가 그만둘 거에요.', '부모님이 그만두라고 하면 그만둘 거에요.'라는 식의 미적지근한 답변을 했고, 다른 한 유형의 답변은 '앞으로도 계속 음악을 하고 싶어요.' 같은 긍정적인 내용이었다고 한다.

놀랍게도 10개월쯤 지난 후 두 유형의 아이들의 실력 차이가 크게 나기 시작했다. 앞으로 계속 연주할 거라는 아이들의 수준이 1년만 하고 그만둘 것이라는 아이들보다 훨씬 더 높았다. 연습량, 배우는 공간, 선생님도 다들 비슷한데 도대체 왜 차이가 나는 걸까? 어느 정도 연습하고 그만둘 거라는 아이는 음악을 단순히 취미로 생각했지만, 계속 음악을 할 거라는 아이는 자신을 음악가라고 생각했기 때문에 실력이 일취월장했다고 한다. 일회성인 행동보다 지속적인 행동이 만족도와 성과에 도움이 된다는 결과가 나온 것이다.

연구결과와 비슷한 의미를 지닌 단어가 있다. 마케팅 용어 중에 소비자 한 명이 기업의 고객으로 있으면서 발생하는 수익의 총합계를 계산하는 고객 생애 가치(Customer Lifetime Value)라는 개념이 있다. 고객 생애 가치는 한 명의 고객이 일회성 소비로 그치는 것이 아니라 평생에 걸쳐 같은 회사의 제품이나 서비스 등을 주기적으로 소비한다는 가정하에 고객 가치를 측정하는 것이다. 구독경제의 핵심은 지속적인 고객 확보와 수익창출이기 때문에 고객 생애 가치가 매우 중요하다. 이를 위해서는 초개인화, 빅데이터 등 앞서 말한 다양한 가치가 중요하지만 그보다 중요한 가치가 있다. 바로 신뢰자본이다.

구독서비스를 제공하는 회사는 구독자와의 신뢰자본이 축적돼야 한다. 구독서비스는 먼저 돈을 지불하고 제품이나 서비스를 받는다. 즉 소비자는 선금을 내는 것이다. 그것도 지속적으로 말이다. 그러므로 기업은 구독자들에 대한 장기적인 안목과 투자가 필요하다. 투자 비용에 대해서 너무 의식한 나머지 구독자를 유지하는 비용을 줄이면 구독자는 기업의 변한 분위기를 감지하고 떠나갈 것이다. 구독서비스 회사는 항상 장기적으로 구독자를 봐야 한다.

구독경제는 황금알을 낳는 거위지만 키우고 유지하기가 힘들다. 기업이 이익의 극대화를 위해 콘텐트 제작에 투자를 줄인다거나 혁신적인 제품이나 양질의 서비스를 제공하지 않으면 제공자의 곁에는 금방 찬 바람만 불 것이다. 물론 기업은 기본적으로 이익을 추구하는 집단이다. 서비스의 질과 이익의 경계선을 설정하기는 매우 어렵다. 따라서 기업은 구독자가 얼마만큼의 구독료를 내는지(Life Time Value)와 그 구독자를 락인하기 위한 회사의 비용이 얼마인지(Customer Acquisition Cost·고객 취득 비용)를 세밀하게 측정해야 한다. 이처럼 구독서비스는 어려운 비즈니스모델이다. 오랜 시간 소비자와 신뢰를 쌓으며 계속 함께해야 하는 기나긴 여정이다.

신뢰자본에 관해 미국의 한 우화를 빗대어 얘기하면, 항상 따듯하게 칠면조를 대하던 주인이 추수감사절에 갑작스레 칠면조를 죽인 이야기가 있다. 구독경제도 마찬가지다. 구독자는 정기적으로 구독료라는 달콤한 음식을 제공하는 주인이면서도 어느 날 갑자기 기업을 문 닫게 할 수 있는 무시무시한 심판관이기도 하다. 더는 원하는 제품이나 서비스를 제공하지 않고 있다고 느낀다면 구독자는 당신에게 계약해지라는 심판을 내릴 것이다.

구독경제 시장의 경쟁은 나날이 치열해지고 있다. 수많은 기업이 유사한 서비스와 상품을 가지고 구독서비스 시장에 뛰어들고 있다. 구독경제 생태계 역시 소수의 승자만 살아남는 '치킨게임'이 될 여지가 충분하다. 구독서비스를 시작하는 창업자라면 단순히 물건이나 서비스를 제공하는 것이 아니라 구독자를 평생을 함께할 반려자라 생각하며 구독 비즈니스모델을 만들어야 한다.

위기 속에서 기회를 보다

코로나19와 같은 예상치 못한 위기를 헤쳐나갈 수 있는 기업들에는 3가지 특징이 있다. 첫째, '회복탄력성', 둘째, 'ESG기반의 비즈니스모델', 셋째는 혁신적인 아이디어를 기반으로 한 '게임 체인져(Game Changer)' 능력이다. 그중 구독경제는 회복탄력성과 매우 밀접한 관계가 있다. 그렇다고 구독경제가 회복탄력성만으로 위기의 대안이 된다는 말일까? 지금부터 왜 구독경제가 위기의 대안인지 알아보자.

1. 고객들의 락인(LOCK-IN)

····

소비자들은 수입이 감소하면 당연히 지출을 줄인다. 자연스레 기업이나 가게 입장에서는 매출이 줄어든다. 구독서비스는 제품과 서비스에 대해서 기업이 선금을 받기 때문에 경제 위기가 오더라도 그 여파가 즉각적으로 반영되지 않는다. 구독경제의 방식은 기업의 현금흐름(Cash Flow)에 큰 도움이 된다. 불황 속에서 고객은 새로운 제품이나 서비스를 늘리지 않지만 기존에 구독하고 있는 제품이나 서비스는 가장 마지막에 해지할 확률이 높다. 자연스레 생활에 스며들어 있는 것이다. 구독서비스 회사들은 갑작스러운 경제 위기에 대응할 수 있는 물리적인 시간이 있다. 이는 엄청난 강점이다.

2. 목돈을 필요치 않는다

····

대부분의 구독서비스 제품과 서비스는 금액을 매월 또는 정기적으로 지급하기 때문에 한 번에 지출하는 금액이 적다. 아무리 필요한 제품과 서비스일지라도 목돈이 들어가야 한다면 경제적으로 어려운 상황에서는 부담스러워서 구매를 주저할 수밖에 없다.

구독서비스에서는 백만 원짜리 제품이나 서비스를 수십 개월로 분할 지출한다. 구독자는 오늘 백만 원을 지출하는 것이 아니라 적은 금액으로 제품과 서비스를 받는다. 당장 현금 흐름이 좋지 않은 기업이나 개인 입장에서는 구독서비스를 선호할 수밖에 없다.

3. 기업은 사업 예측이 가능하다.

구독서비스 기업은 불특정 다수에게 물건을 파는 것이 아니다. 구독자라는 단골에게 제품과 서비스를 제공하는 것이다. 구독자의 ID를 통하여 취향과 필요 사항 등의 빅데이터를 수집하여 고객에게 적합한 제품과 서비스를 맞춤 제공할 수 있다. 앞서 말한 물리적 시간을 가지고 불황에 적합한 구독서비스 비즈니스모델을 만들 수도 있다. 불황이 오면 기업들은 미래에 대한 불확실성 때문에 불안에 떤다. 하지만 구독서비스 기업의 경우 사업 예측이 수월하다. 그 말은 곧 불황이 또 다른 기회가 될 수 있다는 말이 된다.

구독경제로 위기를 관리하라

부의 양극화는 현재 대한민국이 직면한 위기다. 최근에는 자산 가치가 폭등하면서 재산을 가진 자와 그렇지 못한 자의 양극화가 가속되고 있다. 사회적 양극화는 비단 우리나라에 국한된 문제가 아니다. 세계적으로 심각한 문제다. BBC 등의 외신에 따르면 코로나가 창궐한 후 억만장자들의 재산이 늘어났다고 한다. 반면 2021년 말까지 전세계 극빈층은 1억5천만 명이 늘어날 것이라 보도했다.

약탈경제의 심화

구독경제의 발전이 밝은 부분만 있는 것은 아니다. 구독경제가 발전되면 궁극적으로 다품종 대량생산에서 맞춤형 일부 생산으로 생산 메커니즘이 변화할 것이다. 전체적인 생산물량과 유통단계의 간소화로 인해 대량의 실직자가 발생하는 부작용이 있을 것이라고 예상된다.

또한 구독서비스의 락인 효과로 인해 일부 기업들이 구독서비스 시장을 선점하면 후발 주자가 시장에 진입하거나 점유율을 높이기란 매우 어렵다. 구독서비스 기업들도 규모의 경제가 똑같이 적용될 것이기 때문에 앞으로 그런 상황은 더 심해질 것이다. 현재 글로벌 시총 순위를 다투는 기업들이 모두 구독서비스 회사로 급속하게 전환하는 이면에는 이런 선점효과가 존재한다.

구독경제는 혁신이 필요한 영역이다. **혁신은 기존의 체재를 완전히 바꿔서 새롭게 하는 것이기에 혁신과정에서 많은 이들이 낙오하기도 한다.** 이런 다양한 이유를 근거로 봤을 때 구독경제도 일정 부분 약탈적인 경제 체제로 진화할 위험성을 가지고 있다.

다양한 해결책들도 등장하고 있다. 하나의 사례로 2020년 3월 '착한 소비자 운동'이 있었다. 착한 소비자 운동은 식당에서 오늘 먹은 금액에 추가로 다음에 와서 먹을 금액을 선결제하는 방식으로 다음번 방문을 선결제로 약속하는 것이다. 가게에는 미래의 수익이 먼저 들어오니 눈앞에 있는 경제적 위기를 벗어 날 수 있고 손님의 방문이 예상되니 그에 맞는 재료와 인력을 계획하고 준비할 수도 있다. 하지만 부족하다. 구독경제가 약탈 경제가 되지 않으려면 구독경제를 활용한 근본적인 위기관리 시스템을 구축해야 한다.

소상공인을 위한 구독서비스

소상공인과 자영업자의 절반가량은 창업 이후에 3년을 버티지 못한다고 한다. 언론에서 소상공인과 자영업자들은 빚에 허덕이거나 폐업하고 있다는 내용의 기사들을 쉽게 볼 수 있다. 2020년 2월 중소벤처기업부는 2019년도 창업기업 동향의 발표에 따르면 전체 창업기업 숫자는 약 128만 개로 2018년 대비 4.4% 감소했다고 한다. 2016년부터 지속적으로 증가해오다 2019년에 처음으로 감소했다.

자영업과 소상공인들은 매우 큰 어려움에 부닥쳐있다. 우리가 지금까지 겪어왔던 수많은 경제 위기는 외환, 금융 등에서 시작해서 시간이 흐른 뒤에 실물경제가 침체되는 구조였다. 하지만 코로나19에서 시작한 경제 위기는 실물경제가 바로 침체에 들어가는 미증유(未曾有)의 현상이 벌어졌다. 나는 경제가 우리의 몸과 같다고 생각한다. 사람이 건강하려면 몸의 구석구석으로 피가 돌아야 하는데 아무리 새로운 혈액(자금)을 공급해도 말초혈관을 타고 돌지 못하는 것이다. 정기적으로 서비스와 제품을 제공하여 지속적으로 구독료가 들어오는 구독경제를 통해서 혈액(돈)이 지속적으로 말초혈관(소상공인·자영업자)에 돌게 해주어야 한다.

앞서 말한 것과 같이 단순히 일회성 운동이 아니라 구독경제를 바탕으로 근본적인 구조를 만들 수 있는 시스템을 제공해야 한다. 구독경제는 신뢰자본과 일정 규모의 경제가 필요한 게 사실이기 때문에 스타트업이나 영세상인들이 독자적으로 구독서비스를 제공하기에는 현실적인 어려움이 있다. 혼자의 힘으로 어렵다면 TEAM-UP이 필요하다. 정부나 지차에의 도움으로 참여형 구독서비스플랫폼을 만드는 것도 하나의 방법이다. 지금까지 가까운 거리의 비슷한 업종의 가게는 경쟁상대로 여기는 경우가 많았다. 하지만 지금은 경쟁할 때가 아니다. 오히려 가까운 거리와 비슷한 업종은 효율적인 협업의 대상이 될 수 있다. 몇 가지 소상공인 구독서비스 협업 사례를 보자.

업종별 사례

앞에서 소개했던 미용실 구독서비스 비즈니스모델을 기억할 것이다. 대표적인 구독서비스 회사로는 mezon이 있으며 현재 도쿄를 중심으로 약 800개의 미용실이 등록돼 있다. 이런 경우가 업종별 소상공인 구독경제 사례이다.

이외에도 소개한 게스트하우스, 호스텔 그리고 호텔들을 구독하는 동안 마음껏 이용할 수 있는 호스텔라이프의 사례도 업종별 소상공인 구독경제 사례로 볼 수 있다. 사실 이 책에 나온 수많은 비즈니스모델이 협업을 통해 소상공인이 구축 가능한 구독서비스들이다.

지역별 사례

일본에서는 음식점 마케팅 지원회사가 신주쿠 미(味)로드에 있는 모든 음식점에서 사용할 수 있는 구독서비스를 2020년 9월에 시작했다. 한 가지 브랜드에서 구독서비스를 하는 경우는 있어도 상업시설 단위로 구독서비스를 하는 것은 처음인 것 같다.

이 구독서비스는 애플리케이션에서 월 500엔의 '드링크패스'를 구입하면 해당 건물에 있는 가게를 방문했을 때 음료 1잔을 마실 수 있다. 가입자들은 낮에는 카페에서 음료 한잔을 무료로 마시고, 밤에는 같은 건물에 있는 다른 식당에서 음료를 무료로 마실 수 있다. 하루에 몇 번이라도 음료 무료 구독서비스 이용이 가능하다.

코로나 상황에서도 드링크패스를 도입한 점포는 방문객이 증가했다. 이 구독서비스를 도입한 가게의 평균 내점 빈도는 월 3.2~ 22회로 모든 업계에서 높은 수준을 보였다. 구독서비스를 도입하지 않은 가게에 비해 10~20배 정도 많은 방문객이 찾는 업종도 있다고 한다. 구독자의 경우 지불하는 금액이 적어지다 보니 새로운 메뉴에 도전하고 음식을 많이 주문하는 경향을 보인다고 한다.

협업해서 만든 구독서비스가 갖는 강점은 많다. 구독서비스를 도입한 가게는 애플리케이션을 통해 고객과 직접 소통한다고 한다. 소통을 통한 개선은 곧바로 고객의 만족도 증가로 이뤄졌다. 쌓인 정보를 바탕으로 마케팅 회사는 적절한 컨설팅과 지원도 실시하고 있다. 입소문이 돈 모양인지 신주쿠 외에도 다른 상업시설에서도 문의가 쏟아지고 있다고 한다. 단순히 거리 하나를 넘어 도시 하나의 음식점을 모두 묶어 구독서비스를 제공하자는 의견도 나오고 있다.

구독으로 위기탈출

....

다른 예시로 다양한 소품 관련 회사라면 그런 소품들을 적재적소에 배송해주는 구독서비스도 가능하다. 카페나 베이커리의 경우도 마찬가지다. 동네 슈퍼마켓이나 소형 마트의 경우에는 홈페이지에서 회원을 모집해 정해진 기간마다 각종 물품을 배달해 줄 수도 있다. 이런 다양한 아이디어를 응용해 새로운 매장과 비즈니스모델에 적용해볼 수 있다.

협업 구독 플랫폼을 구축하면 전화 상담이나 온라인 채팅 서비스와 같은 고객 AS 서비스도 함께 제공할 수 있다. 구독자는 더 편리한 소비가 가능해지고, 소상공인들은 플랫폼 구축과 운용 비용을 여러 사람이 분담하여 절감되는 효과가 있다.

이처럼 구독경제를 통해 자영업자와 소상공인에게 가장 필요한 안정적인 수익원과 예측할 수 있는 미래를 제공할 수 있다. 소비자는 합리적인 가격에 믿을 수 있는 제품과 서비스를 받으면서도 골목상권과 우리 이웃을 지킬 수 있다.

거듭 강조하지만 구독경제는 신뢰자본이 축적돼야 하는 비즈니스모델이다. 현실적으로 소상공인이 단골이 아닌 일반 소비자에게 신뢰를 얻기에는 어려움이 있다. 그렇기 때문에 정부 또는 지자체가 양질의 소상공인들을 발굴하여 각종 제품과 서비스를 일반 소비자가 구독할 수 있게 해 줘야 한다.

참여형 구독서비스 플랫폼을 정부나 지자체 차원에서 만들어서 공동으로 신뢰도 문제를 해결할 수도 있다. 아니면 배달 관련 기업과의 콜라보를 통하여 유통망과 배달 문제를 해결할 수도 있다.

결제방식도 마찬가지다. 일반적으로 소상공인 개인이 전자결제시스템을 도입하기는 쉬운 일이 아니다. 하지만 정부나 기업과 협업을 진행한다면 개인이 하기 어려운 일을 분담하여 진행할 수 있다.

구독자는 더 좋고 다양한 제품과 서비스를 만날 기회가 생기고 자영업자와 소상공인은 안정적인 수익을 낼 수 있다. 굳이 현재처럼 비싼 수수료를 내고 거대 플랫폼 기업에 기댈 필요도 없다. 배달플랫폼에서 가져가는 중간 수수료를 낮출 수 있으니 자연스레 더 큰 소득으로 이어진다. 지금도 소상공인을 위한 플랫폼은 있지만, 단순히 소상공인이 홈페이지에 물건을 올려서 판매하는 수준에 불과하다.

협업 구독 플랫폼이 소상인에게 줄 수 있는 혜택을 간략하게 정리해보면 아래와 같다.

1. 제품 및 서비스에 구독을 도입하면 1회성 상품 판매가 아닌 지속적인 상품 판매 및 크로스셀링과 업셀링 같은 마케팅 전략을 펼칠 수 있다.
2. 상품의 정기구독자가 많아지면, 락인(Lock-In)효과로 인하여 안정적인 수입이 지속적으로 소상공인에게 돌아가고 장기적인 물품 조달 및 사업 계획을 기획하고 시행할 수 있다.
3. 물건 상품 카테고리를 크게 3개로 나누어서, '구독상품', '정기배송상품', '일반상품'등으로 개편하면 다양한 상품과 서비스의 조합이 가능하다.
4. 구독서비스 플랫폼으로 전환할 시, 한정적인 제품이 아닌 다양한 물품과 소상공인의 각종 서비스까지 판매가 가능하다.

Ex) '제철 과일 구독서비스'를 한다면 사과, 배, 딸기 등 다양한 물건의 매출이 가능하고 재고에 따라 다양한 큐레이션이 가능

'제철 과일 + 우리 동네 헬스케어 구독서비스'을 한다면 제철 과일, 건강 주스(건강식품), 각종 운동 의류와 기구 심지어 동네의 마사지샵, 헬스장(필라테스) 서비스까지 각종 지역 소상공인 서비스와 구독 큐레이션 패키징이 가능하다.

5. 지역별로 구독서비스 기반의 소상공인 참여용 플랫폼을 추가로 만들 수 있다면, 규모의 경제가 가능해진다. 바기닝파워로 인한 원가 인하와 다양한 결합 마케팅을 통한 새로운 비즈니스모델 개발, 추가 마케팅을 통한 소비자 확보, 공동구매, 공동배송, 공동AS 등이 가능하다.
6. 구독자의 구매성향 및 패턴을 분석해 정말 구독자가 필요한 것이 무엇인지를 확인하여 선제적인 구독자 맞춤형 큐레이션 서비스 제공이 가능하다.

물론 현실적인 여러 가지 고려 사항들도 많다.

'제품과 서비스에 대해서 누가 보장하는가?'

'제품과 서비스가 문제가 생길 시에 누가 책임지는가?'

'수많은 상품과 서비스에 대해서 누가 확인하고 책임소재를 따질 것인가?'

'제품과 서비스의 납기 날짜를 행하지 못하는 경우, 어떻게 해결할 것인가?'

'사실상 일부 오픈마켓 플랫폼은 막대한 적자를 감수하고 사업을 영위하고 있는데 가격 경쟁이 가능한가?'

'우리나라처럼 전자상거래가 발달하고, 배달 시스템이 갖춰진 상황에서 저렴하지 않은 한 굳이 소상공인과 자영업자 제품을 사용해야 하는가?'

'구독서비스 상품(큐레이션)을 개발할 수 있는 역량을 가진 주체는 누구인가?'

'여러 소상공인이 참여하는 큐레이션 구독서비스 상품의 경우 이익 배분은

어떤 기준으로 하는가?'
'정부와 기관 주도의 플랫폼 구축 및 운영이 법률상 가능한가?'
'국민의 세금으로 궁극적으로 지원하는 건 아닌가?'

이처럼 앞으로 넘어야 할 산은 많다. 관련 업계의 반발도 분명 있을 것이다. 하지만 정부와 민간이 함께 한다면 얼마든지 해결할 수 있는 문제들이라고 생각한다.

이러한 문제들을 해결하면 앞으로의 가능성은 한계가 없다. 우리의 전통시장이나 동네에서 판매하는 다양한 상품들도 소상공인 구독경제로의 전환이 가능하다.

사실상 구독경제는 상상력의 비즈니스모델이다. 무엇이든 가능하다. 그게 바로 구독경제의 매력이고 경쟁력이다. 하지만 잊지 말아야 할 사실이 있다. 구독경제는 양날의 칼이다. 대기업과 플랫폼 회사들의 지배력을 더 공고히 해줄 수도 있고, 상생의 길로 모두 다 같이 잘 사는 세상을 만들어 줄 수도 있다. 그렇기에 구독경제를 단순히 경제트렌드나 비즈니스모델로만 접근하면 안 된다. 반드시 그 안에 담고 있는 의미를 명확히 이해하고 상생을 위해 도입해야 한다.

INSIGHT

상식이란 가장 큰 편견이다.

우리는 '상식'이란 이름을 의심하지 않는다. 트렌드란 명칭이 붙으면 맹목적으로 따라 하는 경향이 있다. 글로벌 기업들이 운영하는 제도나 문화를 트렌드라고 생각하고 맹목적으로 도입할 때가 상당히 많다. 이제는 글로벌 대기업의 비즈니스모델이나 트렌드를 상식처럼 생각하는 경향이 있다.

◆ 상식과 트렌드가 진짜 일까?

'안녕하세요? 성민님~', '네~좋은 아침이에요 한나님', 얼마 전까지는 정 부장님이었지만 이제는 '승룡님'이라 서로 편하게 부른다. 편한 복장에 칸막이 없이 확 트인 공간에서 자율좌석제를 시행하는 대기업들이 많아지고 있다. 우리나라 기업들은 이런 공간을 공유오피스(Share Office) 또는 스마트오피스(Smart Office) 등으로 부르곤 한다. 물론 이런 사무실은 공유오피스라고 부르기 보다는 오픈오피스(Open Office)나 개방사무실(Open Workspace)라고 부르는 것이 더 적합해 보이긴 한다.

많은 기업이 칸막이를 없애면 회사 동료들끼리 자유로운 소통을 통해 협업이 잘 이루어지고 성과를 더 많이 달성하리라 생각한다. 과연 칸막이 없이 개방된 공간에서 업무를 하면 정말로 협업이 잘되고 업무 생산성도 늘어날까?

놀랍게도 하버드대(Harvard Univ.)에서 '18년 영국 왕립회보'에 발표한 내용을 보면 전혀 아니라는 연구결과가 나왔다. 우선 하버드 학자들은 포춘500대 기업 중에서 칸막이를 없애고 오픈 공간으로 사무실을 변경할 기업들을 찾아보았다. 그리고 사무실 구조를 바꾸기 전과 후를 비교했다. 연구 결과치는 기존의 설문조사 방식이 아닌 과학적인 장비를 사용했다. 직원들에게 목에 거는 출입증과 비슷하게 생긴 센서를 착용하게 하고 다른 직원과의 상호작용 빈도를 측정했다. 각각 직원들에게 목에 거는 출입증과 비슷하게 생긴 센서를 착용하게 하고 이들과 다른 직원들과의 상호작용을 측정했다. 칸막이가 없는 사무실에서 직접 얼굴을 보고 이야기하는 비율은 기존의 칸막이가 있는 사무실보다 무려 70%나 줄어들었다. 오히려 전보다 메신저를 사용한 대화의 비율이 높아졌다.

칸막이가 있던 사무실에서는 얼굴을 보고 할 이야기들을 칸막이 없이 오픈된 사무실에서는 오히려 메일이나 메신저로 협의를 한다는 것이다.

이번 연구 결과 오픈된 공유오피스 같은 공간에서 일하는 직원들은 외부와 자신을 차단하기 위해 노력한다고 한다. 어떤 사람들은 헤드폰이나 이어폰을 쓰기도 하고, 자신의 자리에 큰 모니터를 갖다 놓고 앞사람의 시선을 피하기도 했다. 다른 사람의 시선 때문에 일에 집중하지 못하고 시늉을 하는 사람도 많아졌다는 결과가 나왔다. 헤드폰이나 이어폰을 쓰거나, 다른 사람의 시선 때문에 더 바쁘게 보이려고 노력하는 등 가능한 한 자신을 주위와 차단하기 위해 노력하게 된다고 이야기하고 있다. 매일 보는 직장 동료의 시선이 부담스러워서 자리에 큰 모니터를 갖다 놓고 앞사람의 시선에서 자신을 숨기는 사람도 있다.

이번 연구는 사람들의 의견을 조사한 것이 아닌 실제 센서를 통해 이들의 행동을 양적으로 평가했기 때문에 보다 객관적인 연구자료라고 볼 수 있다. 하버드 학자들의 결론을 정리하면 아래와 같다.

1. 칸막이를 없앤다고 사무실에서 사람들이 대화가 늘어나지 않는다. 오히려 사람들은 가능한 자신의 개인 공간을 찾아다니거나, 다양한 방법으로 자신만의 공간을 확보하려고 한다.
2. 칸막이 없는 사무실은 직원들의 업무 능력에 부정적인 영향을 미친다. 과도하게 열린 공간은 조직의 생산성을 낮출 수도 있다.
3. 사무실의 칸막이를 없앴을 때 사람들 간의 상호작용에는 분명 변화가 온다. 하지만 이것은 이메일이나 메신저를 통한 상호작용이 증가한 것으로 실제 얼굴을 맞대고 하는 대화에 비해 비생산적일 수도 있다.

이 연구로서 칸막이가 없는 자율좌석이 업무 효율성이 떨어진다고 단정 지을 수는 없다. 예를 들어 같은 회사 동료가 아닌 모르는 다른 조직의 사람이라면 오히려 더 자주 보고 편하게 이야기할 여지도 충분히 있다. 중요한 것은 오픈된 사무실에 대한 사람들의 인식이다. 대부분 공유공간이 효율적이라고 생각한다. 상식인 셈이다. 하지만 연구결과를 보면 기존의 상식이 틀렸다는 것을 알 수 있다.

이런 사례들은 우리 주위에 상당히 많다. 한때 사무실이 아닌 자택에서 자율적으로 근무하는 원격근무가 대기업을 중심으로 유행한 적이 있었다. 하지만 근래에 IBM, 야후 등 글로벌 ICT 기업들은 직원들을 다시 사무실로 불러들이고 있다. 지금은 코로나로 인해 재택근무가 일상처럼 됐지만, 공간에서 직원들이 자주 대면해야 협업이 더 잘 된다는 것을 경험적으로 깨달았기 때문은 아닐까?

상식과 연구결과가 다른 경우는 하버드대의 연구만이 아니다. 미국의 참여과학자연합(Union of Concerned Scientists)은 승차공유 서비스가 대기오염에 미치는 영향을 연구했고 2020년 초에 결과를 공개했다. 사람들은 당연히 승차공유 서비스를 이용하면 운행하는 자동차의 숫자가 줄어들 것이고 환경보호에 도움이 될 것으로 생각했다. 하지만 연구결과는 사람들의 예상과는 달랐다. 연구에 따르면 승차공유 서비스는 대체 가능한 기존 운송수단보다 약 70%가량 더 많은 기후오염을 시키는 것으로 나타났다. 승차공유 서비스 등장으로 개인이 자동차를 소유해야 할 필요가 적어져 환경에 이로울 것이라는 예측과는 전혀 다른 결과가 나온 것이다.

도시에서는 특히 더 안 좋은 영향을 끼칠 수 있다. 편리한 승차공유 서비스를 이용하다 보면 자연스레 대중교통의 이용이 감소해서 환경이 더 오염될 확률이 높다는 것이다. 또한 이산화탄소 등의 유해물질을 배출하지 않는 자전거, 킥보드 같은 청정 이동수단 대신 차량 공유 서비스를 이용해서 환경이 더 오염된다고 한다. 교통체증도 더 심해져서 유해물질 배출량이 늘어난다고 한다.

◆ 고민하고 의심하라

우리는 어떤 현상이나 상황에 대해서 '이러면 좋을 거야'라고 지레짐작하거나, 남들이 다 하는 트렌드라고 하면 맹목적으로 따라 하는 경향이 일부 있다. 하지만 상식이 항상 옳지는 않다. 위에서도 언급한 사례들처럼 상식과 실제 벌어질 일들 사이에서 수없이 고민하고 타당한 자신만의 길을 만들어가야 한다.

상식을 진실로 보고 있는 것은 아닌지 스스로 고민하고 생각해 봐야 한다.

'장님 코끼리 만지기'란 속담이 있다. 앞이 안 보이는 사람들이 코끼리를 만지면서 '뱀이다.','기둥이다.'하는 우화다. 장님들은 자신이 아는 한도에서 사실을 말했을 뿐이다. 거짓말을 한 것은 아니다. 하지만 진실은 다르다. 그들이 만진 것은 코끼리다.

새로운 비즈니스 트렌드와 모델을 마주할 때도 마찬가지이다. 마냥 트렌드라 생각하고 남들을 따라하다 보면 자신의 길을 잃어버릴 것이다. 구독경제도 마찬가지로 남들이 해서가 아닌 왜 필요한지, 어떻게 사용하고 대처해야 할지, 고민하고 의심해서 자신만의 비전으로 만들어야 한다.

구독경제 시대의 도래는 우리에게 어떤 의미인가? 우리는 반드시 답을 찾을 수 있을 것이다.

하고 싶지만 하지 못한 수많은 이야기…

나는 왜 구독경제를 이야기하는가?

····

2016년 10월 골드만삭스가 공개적으로 "애플은 이제 구독경제를 해야 한다"라고 제안했다. 그때 처음으로 '구독경제'라는 단어를 접했다 나는 그때의 전율을 아직도 잊지 못한다. 구독경제란 단어 자체를 사람들이 거의 모르던 시절, 나는 구독경제가 단순히 경제 트렌드가 아니라 정치, 행정, 사회 전반을 변화시키리라 생각했다.

지금 세계의 글로벌 탑 기업들은 다들 구독서비스를 제공하고 있고, 구독경제 회사로 전환 중이다. 2016년에 골드만삭스의 공개적 제안은 많은 시사점을 담고 있었다. 아쉽게도 우리나라에서 그 누구도 관심을 가지지 않았다. 구독경제는 락인 효과가 있어 후발 주자는 구독경제를 도입하기 어렵다. 안타깝게도 변화의 시대에 한

템포 늦었다. 지금이라도 바쁘게 따라가야 한다.

학창 시절, 왜 법학은 총론과 각론이 따로 있는가 싶었다. 그냥 바로 각론을 배우지, 총론을 왜 배우는지 의아했다. 하지만 지나고 생각하니 총론을 통해서 법에 대한 전반적인 마인드 즉, Legal Mind를 키우지 않으면 문제가 생겼을 때, 수없이 많은 법적 이슈를 해결할 수 없기 때문이라는 것을 깨달았다.

구독경제도 마찬가지다. 단순히 트렌드로 보고 방법만을 배우려 한다면 문제가 생겼을 때, 해결방안을 찾기 어려울 수 있다. 이것을 깨닫고 처음의 기획을 뒤집었다. 처음에는 책을 시리즈로 기획했다. 다양한 분야의 각론들을 풀어내려고 생각했었다. 하지만 구독경제의 총론을 배울 필요를 느끼고, 이 책을 집필하게 됐다. 소위 말해서 구독 마인드를 키우는 데 중점을 두었다. 우리 사회에 누군가는 구독경제와 관련된 아젠다를 던져야 한다고 생각했다. 이 책을 읽는 사람들에게 내 마음과 질문이 잘 전달됐길 바란다.

인생 고독이 아니라 인생 구독

····

구독경제는 인생과 같다. 인생은 시간이라는 정기구독료를 내고 삶을 영위하는 것이다. 우리는 삶을 살면서 공기, 바람, 물 등 자연환경이나 집, 자동차, 핸드폰 등 각종 물건 등은 소유하고 있는 듯하나 실제로는 이용하는 것이다. 둘의 차이는 인생은 구독료가 시간이고 구독경제는 재화라는 차이뿐이다. 결국, 소유하는 것이 아니라 어떻게 누리는지가 중요한 셈이다. 어떤 권력자도, 어떤 부자도 세상을 떠날 때 그 무엇도 가지고 갈 수 없다.

인생도 구독경제와 같다. 인생이 고독한 이유는 홀로 있는 듯한 느낌 때문이다. 나를 구독해주는 사람들이 있다면 인생은 고독하지 않을 것이다. 그렇기 위해서는 오랜 시간 주변 사람들과 신뢰 관계를 맺기 위해 노력해야 한다. 내가 먼저 내 주변 사람들의 어려움과 취향을 확인해 먼저 배려해주고 따뜻하게 대해준다면, 사람들은 나를 평생토록 구독해줄 것이다. 즉 나의 '인생 구독자'들이 생기는 것이다.

우리나라의 가장 큰 위기는 경제가 아니다. 진정한 위기는 모두가 NO.1이 돼야 한다는 강박관념에서 비롯한다. 각자의 고유 가치를 무시하고 획일적인 가치를 강요하다 보니 누구도 행복하지 않은 세상이 되고 있다.

이제, NO.1의 시대가 아닌 각자의 가치가 존중받는 ONLY ONE의 시대가 오고 있다. 국가의 성장 동력이 단순히 인구, 영토,

자원의 크기로 결정되는 절대적 시기는 이미 지나갔다. 개인도 마찬가지이다. 이제는 학벌, 학력, 배경 등이 없어도 절대적 실력이 있다면 자신의 이야기를 할 수 있는 세상이 왔다.

이제는 서로의 다름을 인정하고 나아가 다름의 가치를 아이디어로 풀어내야 하는 시대가 다가왔다.

새로운 아픔이 아닌 새로운 기회가 되길 바란다

구독경제는 피할 수 없는 현상이다. 대부분 혁신이란 누군가의 희생을 기반으로 이루어질 수밖에 없다. 혁신은 해야 한다. 하지만 혁신과정에서 소외된 사람들을 위한 배려는 필수다. 구독경제의 도래가 소상공인, 자영업자 등 우리 이웃들에게 새로운 아픔이 될까 걱정이 많다. 앞으로 혁신의 속도는 더욱 빨라질 것이다. 그만큼 더 소외된 우리의 이웃들이 많아질 것이다. 오늘의 내가 그런 소외의 대상이 아니라고 해서, 내일의 나도 아니라는 보장은 없다.

소상공인과 자영업자 구독경제의 시작은 DT 지원부터이다. 하지만 이미 2010년 초반에 대기업과 공공 기관이 시도했던 일이다.

왜 그때 잘 안 됐을까? 지금까지 수많은 소상공인과 자영업자들을 위한 대책이 있었다. 다들 좋다. 훌륭하다. 그런데, 왜 안됐을까? 소상공인, 자영업자들이 관심이 없어서? 지원이나 정책이 없어서? 아니다! 비즈니스모델이 없어서? 아니다!

회사는 어떤 일을 하기 위해서 팀과 조직을 만든다. 그리고 그 일에만 전념한다. 소상공인과 자영업자들은 각각 흩어져 있다. 당장 하루하루 물건을 팔기도 버겁다. 여기에 홈페이지, 결제 시스템 등을 만들어 준다고 해도 유지하기 어렵다. 가장 중요한 데이터를 수집한다고 해도 분석하거나 사용할 여력이 없다.

규모의 경제가 될 수 있게 모아주고, 안정적인 수익을 낼 수 있는 토양을 마련해 줘야 한다. 각종 시스템을 구축해주고 소상공인 구독경제 생태계를 조성하는 마중물 역할을 공공부문이 해줘야 한다. 가트너의 예측대로 앞으로 3년 안에 75%의 상품과 서비스가 구독화된다면, 소상공인, 자영업자 생태계는 자연스레 소멸할 것이다.

우리에게 시간이 없다. 지금까지 했던 똑같은 지원과 정책을 할 때가 아니다. 속절없이 이 중요한 시간을 보내질 않길 진심으로 바란다. 팀업 해줘야 한다. 지속적으로 할 수 있게 구독해줘야 한다.

그래서 지금 이 순간, 구독이다

····

구독경제 관련해서 쓰고 싶은 내용이 아직 많다. 이 책의 내용도 지금보다 약 2배 정도 더 많았다. 솔직히 집필 과정이 길고 힘들었다. 세상은 너무도 빠르게 변한다. 내가 글을 쓰면, 다음날 세상은 또 변해있다. 최대한 많이 소개하고 설명하고 싶었지만 모두 반영하기 힘들었다. 이런저런 이유로 책에 적지 못한 내용도 많다. 구독경제를 단순히 비즈니스모델이 아니라 시대의 명암, 전망 그리고 발전 방향까지 모두 다 같이 조망하기에는 책 한 권의 공간은 좁다.

하지만 이제 글을 마무리해야 한다. 우리가 삶을 영위함에, 수많은 생명의 희생이 수반한다. 오늘 우리가 먹었던 수많은 음식은 산에서 바다에서 강에서 목장에서 활기차게 살았던 식물과 동물들이다. 사회의 운영도 마찬가지이다. 우리가 편하게 오늘을 보낼 수 있었던 것은, 우리가 전혀 모르는 선대와 현재를 살아가는 수많은 사람의 고생과 희생이 녹아 있다.

그래서, 매 순간 남에게 친절하고 삶에 감사해야 한다. 다들 자기만의 전쟁터에서 버티고 있다. 코로나로 인하여 마스크를 쓰지 않고 숨을 쉬는 것이 얼마나 고마운지 알게 됐다. 당연한 하루도, 당연한 순간도 없다. 매 순간이 감사하다.

감사함에서 신뢰가 나온다. 마찬가지로 새로운 시대의 트렌드인 구독경제는 신뢰자본이 중요하다. 지금 우리 사회는 신뢰자본이 부족하다. 만약 각자가 서로의 신뢰자본이 되어 서로를 응원해준다면 새로운 시대를 맞이하는 큰 힘이 될 것이다.

우리는 우리를 서로 구독해줘야 한다.

전호겸

SUBSCRIPTION ECONOMY

부록

경제의 흐름을 주도하는 유명 구독서비스 기업 75개

다목적기업

소분류	서비스명	서비스 내용
	아마존	아마존프라임이라는 유통 구독서비스를 시작으로 음원, 클라우드 등의 다양한 구독서비스 제공.
	애플	애플TV+, 애플아케이드 등의 다양한 구독서비스 제공. 애플원이라는 묶음형 구독서비스도 제공.
	구글	유튜브를 비롯하여 클라우드 게임, 구글슈트 등 다양한 구독서비스 제공
	마이크로소프트	MS오피스, AWS 클라우드, XBOX 등 다양한 구독서비스 제공.
	네이버	네이버 플러스 멤버십을 필두로 웹툰, 음원 등 다양한 구독서비스 제공.
	카카오	기업의 다양한 제품과 서비스를 구독서비스로 출시 중.

콘텐트

소분류	서비스명	서비스 내용
동영상	넷플릭스	스트리밍 서비스가 주력인 멀티미디어 OTT 서비스. 온라인 동영상 점유율 1위.
	유튜브 프리미엄	유튜브의 유료 요금제. 뮤직 이용, 광고 제거 등의 다양한 혜택을 제공.
	왓챠 플레이	국내의 OTT 서비스. 영화 추천 서비스를 시작으로 콘텐츠 맞춤화를 진행 중.
	웨이브	지상파 3사와 SK텔레콤의 합작으로 만들어진 국내 OTT 서비스.
	티빙	CJ ENM이 운영하는 OTT 서비스. TV 프로그램 다시보기 위주로 서비스.
	라프텔	국내의 개인 맞춤 추천 기반의 애니메이션 스트리밍 서비스.
음악	멜론	카카오에서 운영하는 국내 최대 규모의 유료 음원 서비스.
	지니	KT 그룹에서 제공하는 유료 음원 서비스. 국내 디지털 음원 시장 점유율 2위.
	벅스	NHN 계열사로 국내 최초의 음원서비스.
도서	리디북스	국내의 전자책 서비스 전문 기업. 전자책 점유율 1위.
	밀리의 서재	10만 권의 전자책을 배포 중인 전자책 서비스 전문 기업.

소분류	서비스명	서비스 내용
지식 콘텐트	퍼블리	마케팅 트랜드와 브랜딩 인사이트를 제공하는 지식 콘텐트 서비스 기업.
	북 저널리즘	책이라는 키워드로 인사이트를 제공하는 지식 콘텐트 서비스 기업.
	폴인	산업 현장의 최신 정보를 전달해주는 지식 콘텐트 서비스 기업.
	아웃 스탠딩	IT 전문 콘텐트 서비스 기업.

모빌리티

소분류	서비스명	서비스 내용
자동차	테슬라	'프리미엄 커넥티비티' 출시. 미디어 스트리밍, 실시간 교통 정보 등 다양한 정보를 제공. 추후 자율주행에 관해서 구독형 모델을 출시한다고 발표.
	현대 셀렉션	현대차에서 제공하는 자동차 구독서비스. 주차, 대리 등 다양한 부가서비스도 제공.
	제네시스 스펙트럼	다양한 제네시스의 차량을 바꿔 타는 구독서비스.

소분류	서비스명	서비스 내용
자동차	GM	차량용 에어비앤비 '메이븐' 출시.
	더트라이브	중고차 구독서비스.
	쏘카 패스	차량 공유기업인 쏘카에서 제공하는 구독서비스.

₩ 커머스

소분류	서비스명	서비스 내용
유통	쿠팡로켓 와우클럽	월 2,900원으로 무료배송, 새벽배송 등의 다양한 서비스를 제공. 쿠팡이 운영하고 있다.
	스마일 클럽	G마켓이 운영하는 구독서비스. 옥션과 G마켓 에서 공통적으로 할인 혜택을 받을 수 있다.
	요기요 슈퍼클럽	월 10회까지 배달음식을 3,000원 할인해주는 서비스.
	티몬 슈퍼 세이브	티몬에서 제공하는 구독서비스. 적립금을 높여준다. 단, 적립금 사용에 제약이 있다.
	위메프 특가클럽	위메프에서 제공하는 구독서비스. 적립금을 높여준다.

소분류	서비스명	서비스 내용
유통	롯데 오너스	롯데ON에서 제공하는 할인형 구독서비스. 롯데의 하이마트 등 여러 곳의 매장에서 사용가능.
	토스 프라임	페이백, 출금 수수료 무료 등의 구독서비스를 제공.
식음료	닥터키친	대학병원 임상실험으로 검증된 식단을 알려주는 큐레이팅 서비스.
	더반찬	수제 반찬을 정기적으로 배송해주는 큐레이팅 서비스.
	심플리쿡	간편 조리용 밀키트를 배송해주는 서비스.
	베베쿡	이유식을 정기적으로 배송해주는 큐레이팅 서비스.
	빈브라더스	매달 새로운 커피를 정기 배송해주는 원두 큐레이팅 서비스.
	이리와 과일	제철 과일을 정기적으로 배송해주는 큐레이팅 서비스.
	다다일상	차(茶) 전문 회사 오설록이 실시한 큐레이팅 서비스.
	술담화	국내 전통주 구독 큐레이팅 서비스.
	퍼플독	다양한 종류의 와인을 정기적으로 배송해주는 큐레이팅 서비스.
화장품	톤28	고객의 피부를 진단하고 이에 맞는 화장품을 보내주는 큐레이팅 서비스.
	먼슬리 코스메틱	매달 새로운 화장품을 정기 배송해주는 큐레이팅 서비스.

소분류	서비스명	서비스 내용
생필품	와이즐리	싼 가격에 프리미엄 면도용품을 정기 배송해주는 구독서비스.
	해피 문데이	여성용품을 생리주기에 맞춰 정기 배송해주는 서비스.
	닥터노아	2달에 한 번 치과의사가 추천하는 칫솔과 치약을 배송해주는 서비스.
	필리	식습관과 생활습관에 맞는 영양제를 추천해주고 배송해주는 서비스
반려 동물	베이컨 박스	반려동물 관련 용품을 정기적으로 배송해주는 서비스.
	리치즈 박스	맞춤형으로 반려동물의 친환경 식품을 배송해주는 서비스.
의류	위클리 셔츠	매 주 출근할 때 필요한 셔츠를 렌트해주는 서비스.
	클로젯 셰어	입고 싶은 옷을 빌려입고, 안 입는 옷을 셰어하는 양방향 구독서비스.
	미하이 삭스	양말을 정기적으로 배송해주는 구독서비스.
장난감	레고 라운드	아이들을 위한 다양한 장난감을 정기적으로 렌트해주는 구독서비스.
그림	오픈 갤러리	인테리어용 그림을 정기적으로 배송해주는 구독서비스.
	핀즐	정기적으로 그림과 액자를 배송해주는 서비스. 그림과 함께 매거진을 같이 보내준다.

소분류	서비스명	서비스 내용
기타	꾸까	2주에 한 번 계절에 맞는 꽃을 배송해주는 서비스

소프트웨어

소분류	서비스명	서비스 내용
오피스	잔디	국내의 대표적인 업무용 협업툴 서비스
	구글 워크스페이스	구글에서 제공하는 업무용 툴. 구글드라이브를 무제한 사용가능한 요금제가 있다.
	MS 오피스 365	전 세계적으로 가장 보편화된 문서 작성 툴. 엑셀, 워드, 파워포인트 등의 프로그램이 있다.
	플로우	업무관리 협업툴. 관련된 다양한 세미나를 함께 진행하고 있다.
ERP	더존 위하고	기업의 소통을 위한 다양한 서비스를 제공하고 있다.
	경리나라	회계와 관련된 비용 관리 툴을 제공하는 서비스.
	와탭	기업의 서버 시스템과 데이터베이스 성능을 모니터링하는 솔루션을 제공.

소분류	서비스명	서비스 내용
ERP	채널톡	영업에 도움을 주는 인사이트와 서버를 제공하는 서비스.
	모두싸인	국내의 전자계약 서비스. 간편한 전자계약서를 관리해주는 서비스.
	스티비	마케팅을 위한 다양한 서식을 제공하는 구독서비스.

기타

소분류	서비스명	서비스 내용
오프라인 매장 제휴	데일리샷	동네에 위치한 다양한 수제맥주를 할인된 가격으로 제공하는 멤버십 서비스.
	TLX	피트니스 멤버십 서비스. 최근 넷마블 계열사에서 인수.
	월간헤어	정기구독형 헤어샵.
이동 통신사	SKT	국내를 대표하는 이동통신 3사. 휴대전화 판매와 통신서비스는 사실상 구독형 서비스다.
	KT	
	LG	
생활 서비스	청소 연구소	청소를 해주는 서비스. 구독형 서비스도 같이 제공.
	런드리고	세탁용 앱으로 신청하면 다음날 저녁까지 옷이 세탁되서 온다.

인터넷 자료

에너지정보문화재단, <[스토리] RE100 기반 마련, 국내기업도 동참한다!>, 2019.12.10

행정안전부, 박윤미, <'19년말 주민등록 인구 5,185만명, 1년간 2만명 증가>, 2020.01.12.

테크플러스, <주문 폭증 '아마존' 10만 명 신규 채용한다>, 2020.03.17.

테크플러스, <'내 영상은 왜?' 유튜브 조회수의 현실>, 2020.08.11.

테크플러스, <뉴욕타임스, 디지털 매출이 종이신문 앞질러>, 2020.08.06

한국과학기자협회, <많으면 많을수록 결정장애 일으키는 메뉴판>,

2018.10.07.
티타임즈, <아마존 따라 '멤버십 경제' 뛰어든 월마트>, 2020.03.10.
공정거래위원회, 약관심사과, <넷플릭스 불공정약관조항 시정>, 2020.01.15.
맥갤러리, <10억 달러 가치였던 무비패스는 왜 죽었을까? >, 2019.09.19.

McKinsey, <Thinking inside the subscription box: New research on e-commerce consumers>. 2018.02.09
Union of Concerned Scientists, Don Anair, <Ride-Hailing's Climate Risks Steering a Growing Industry Toward a Clean Transportation Future>, 2020.02.25.
The Royal Society, Ethan S. Bernstein, <The impact of the 'open' workspace on human collaboration>, 2018.07.02.

구독경제 소유의 종말

초판 1쇄 인쇄 2021년 2월 19일
초판 3쇄 발행 2022년 12월 25일

지은이 전호겸
펴낸이 권기대

펴낸곳 베가북스 **출판등록** 2004년 9월 22일 제2015-000046호
주소 (07269) 서울특별시 영등포구 양산로3길 9, 2층
주문·문의 전화 (02)322-7241 팩스 (02)322-7242

ISBN 979-11-90242-75-2

* 책값은 뒤표지에 있습니다.
* 잘못된 책은 구입하신 서점에서 바꾸어 드립니다.
* 좋은 책을 만드는 것은 바로 독자 여러분입니다.
베가북스는 독자 의견에 항상 귀를 기울입니다. 베가북스의 문은 항상 열려 있습니다.
원고 투고 또는 문의사항은 vega7241@naver.com으로 보내주시기 바랍니다.
* 베가북스에 대한 더 많은 정보가 필요하신 분은 홈페이지를 방문해주시기 바랍니다.

vegabooks@naver.com www.vegabooks.co.kr
http://blog.naver.com/vegabooks vegabooks VegaBooksCo